창조, 맞습니다

창조, 맞습니다

초판 1쇄 발행 2016년 5월 20일
초판 3쇄 발행 2018년 4월 27일
–
지은이 김 광
펴낸이 이방원
–
펴낸곳 세창미디어
출판신고 2013년 1월 4일 제312-2013-000002호
주소 03735 서울시 서대문구 경기대로 88 냉천빌딩 4층
전화 02-723-8660   팩스 02-720-4579
이메일 edit@sechangpub.co.kr   홈페이지 http://www.sechangpub.co.kr/
–
ISBN 978-89-5586-425-0 03230

이 도서의 국립중앙도서관 출판시도서목록(CIP)은 서지정보유통지원시스템 홈페이지(http://seoji.nl.go.kr)와
국가자료공동목록시스템(http://www.nl.go.kr/kolisnet)에서 이용하실 수 있습니다.
CIP제어번호: CIP2016011323

창조, 맞습니다

김 광 지음

세창미디어
MEDIA

"욥이 만난 창조의 하나님을 만날 수 있길 기도드립니다"

알 수 없는 고난을 당한 욥에게 폭풍우 가운데 나타나신 여호와 하나님은 욥을 따뜻하게 위로하지 않으십니다. 오히려 하나님께서 창조하신 땅, 별, 바다, 사망, 우박 및 여러 동물들을 열거하시면서 욥의 지식과 능력에 얼마나 한계가 있는지 드러내십니다. 또한 하나님은 공룡으로 생각되는 창조물 중에 으뜸인 베헤못과 두려움이 없는 교만의 왕으로 불리는 리워야단에 대하여 말씀하십니다. 욥은 하나님의 창조 세미나를 듣고는 "주께 대하여 귀로 듣기만 하였사오나 이제는 눈으로 주를 뵈옵나이다" 하면서 회개합니다.

욥과 같은 고난은 아닐지라도 어느 누구도 살면서 힘들지 않은 사람은 없습니다. 그렇기 때문에 우리는 일상의 삶이 얼마나 큰 하나님의 은혜와 축복으로 가득 차 있는지를 잘 알지 못합니다. 그러나 일하고, 잠자고, 식사하고, 호흡하는 순간순간이 가능한 것은 모두 하나님께서 우리를 보호하고 계시고, 필요한 것을 공급해 주시기 때문입니다. 하나님께서 모든 만물을 창조하신 것 자체가 그분의 공급하심입니다. 하나님께 만물은 없어도 되는 것이지만, 만물은 오직 하나님의 능력에 붙들려 있어야만 되는 것입니다. 하나님께서 창조하신 원자 세계의 물리 법칙이 조금만 변해도 우주 전체는 공중 분해되고 맙니다. 지구의 공기 조성분이 조금만 바뀌어도 모든 생명체는 죽을 수도 있습니다. 태양과 지구가 가까워지거나 멀어져도 지구는 더 이상 물을 가진 행성이 될 수 없습니다. 그런데 우리들은 하나님께서 만드신 지구 위에 살고, 그 공기를 호흡하며, 창조하신 식물과 동물을 먹으며 살고 있으면서 마땅히 경배하고 감사해야 할 창조주 하나님을 잊고 삽니다. 우리가 누리고 있는 것이 당연하다고 느끼며, 누리지 못하는 것 때문에 불평하고, 불안해 하며, 분노합니다.

욥은 자신이 누리던 모든 것이 없어지고, 자녀들까지 죽었을 때도 신앙의 끈을 놓지 않았습니다. 도리어 놀라운 고백을 합니다.

"주신 이도 여호와시요, 거두신 이도 여호와이시오니 여호와의 이름
이 찬송을 받을지니이다"   (욥기 1:21)

자신의 고난을 통해서도 하나님의 이름이 찬송을 받을 것을 고백하는 것은 하나님의 절대 주권을 인정하는 사람만이 할 수 있는 신앙고백입니다. 그런 욥도 친구들과 자신에게 숨겨진 죄가 있느

냐 없느냐를 논쟁하면서 점차 하나님께 대한 섭섭한 마음을 드러냅니다. 욥은 자신의 고난이 숨겨진 죄 때문이라며 죄를 고백하면 하나님의 용서를 받고 회복될 것이라는 친구들의 말에 마음이 너무 상했습니다. 욥은 하나님께 이런 고난을 받을 만한 죄를 절대로 짓지 않았기 때문입니다. 그러면서 욥은 친구들보다 우월한 자신의 지식과 지혜를 통해 그들을 반박하다가, 결국 자신의 무죄함을 하나님께 따질 것처럼 주장이 강해졌습니다. 아마도 욥에게 가장 큰 고난은 육체적인 고난보다도 다른 사람들보다 뛰어난 자신의 지식과 지혜를 자신의 고난 때문에 인정받지 못한 것인지도 모릅니다.

욥에게 나타나신 하나님께서는 욥에게 "무지한 말로 생각을 어둡게 하는 자"라고 말씀하십니다. 그리고 자신이 창조하신 놀라운 세계에 대하여 욥이 얼마나 알고 있느냐고 질문합니다. 욥은 하나님의 창조물을 통해 하나님을 다시 만났습니다. 자신의 지식과 지혜와는 비교할 수 없이 큰 하나님의 능력과 지혜를 만났습니다. 많은 세상 사람들이 과학지식으로 하나님이 없다고 주장하지만, 하나님께서는 바로 그 과학지식의 근본 원리를 창조하시고 적용하고 계신 분입니다. 하나님을 만나려면 욥처럼 먼저 자신의 지식과 지혜를 내려놓는 겸손함이 있어야 합니다. 욥은 겸손해졌을 때 더 깊게 하나님을 만납니다. 거대하고 두려운 베헤못과 리워야단으로부터 사람을 보호하고 계신 하나님의 은혜를 알게 된 것입니다. 그 은혜 앞에서 욥은 하나님의 진심을 보았습니다. 비록 자신의 고난이 완전히 해석되지 않더라도 자신의 사랑하시고 보호하시는 하나님의 은혜를 느끼게 된 것입니다. 그래서 욥은 깊이 회개하면서 하나님과의 관계를 온전하게 회복하였습니다.

김광 교수는 일상의 삶에서 하나님의 은혜를 느끼며 사는 분입니다. 옷, 음식, 동물과 식물을 통해 느껴진 하나님의 창조의 능력과 신비를 우리와 함께 나누기 위해 『창조, 맞습니다』라는 책을 이번에 출간하게 된 것입니다. 진화론이라는 잘못된 지식으로 하나님이 없다고 주장하는 이 세상에서 모든 것을 창조하시고 주관하시는 하나님이 계심을 알게 해 줍니다. 또한 이 책은 성경과 역사 속에 나타난 하나님께서 지금 이 시대, 일상의 삶에서도 역사하고 계심을 느끼게 해 줍니다. 이 책을 읽는 모든 분들이 일상의 삶에서의 하나님의 은혜가 회복하길 소망합니다. 또한 욥이 만난 하나님을 만날 수 있길 기도드립니다. 이 책을 통해 많은 사람들이 모든 것을 창조하시고 주관하시는 하나님을 깊이 만나는 역사가 일어나길 간절히 바랍니다.

이은일 (고려대학교 의과대학 교수, 한국창조과학회 회장)

"식탁 가까이 두고 자녀와 함께
하나님의 사랑이야기를 시작해 보십시오"

봄입니다. 해마다 봄이 되면 다양한 경이로움과 놀라움을 경험하게 됩니다. 그토록 매섭던 겨울, 살을 에는 세찬 바람에 마치 겨울로 끝장날 것만 같은 세상이었습니다. 그러나 올해도 변함없이 따뜻한 봄은 성실하게 찾아왔습니다. 아름다운 진달래 영산홍이 만발하고 나뭇가지마다 연둣빛 앙증맞은 어린 새순에 봄을 만끽하게 됩니다. 누구나 한 번쯤은 일 년 열두 달의 기후와 온도의 변화가 어김없이 지속되는 것을 보면서 경이로움을 맛보았을 것입니다. 그리고 이러한 경이로움은 이미 너무나 익숙해 버렸고 자연스럽게 되어서 이젠 궁금해 하지 않습니다. 누가 왜 이렇게 만드셨을까?라는 물음보다는 그 원래부터 그랬던 '우연'이라고 말하는 것이 상식이 되어 버린 세상에서는 더욱 그렇습니다. 이러한 우리의 화석화된 묵은 마음에 좋은 책이 나와서 저는 반갑고 기쁜 마음으로 이 책을 여러분께 추천하고자 합니다. 왜냐하면 김광 박사님의 『창조, 맞습니다』를 보면서 이 책이 제게 주는 의미가 매우 강렬했기 때문입니다. 몇 가지로 간추려 보면 다음과 같습니다.

첫 번째로는 '우연의 상식'인 진화론에 잠식되어 있는 현대인에게 이 책은 이 세상을 낯설게 볼 것을 주문합니다. 이미 익숙해서 순수한 호기심과 궁금증을 잃어버리고 사는 우리에게 기존의 사고와 시각에서 벗어나 다시 한 번 낯설게 볼 것을 말입니다. 그것은 한마디로 '창조주 하나님 찾기'입니다. 우리가 매일같이 취하는 의, 식, 주의 익숙한 일상생활 속에서도 창조주 하나님의 흔적을 얼마든지 찾을 수 있다는 사실과 이러한 발자취를 따라가다 보면 창조주 하나님께서 허락하신 의도적인 조화와 균형 속에서 주어진 축복이었음을 깨닫게 됩니다. 그래서 마침내 우리는 무릎을 치면서 '아하 그렇지!' 하는 감탄사가 절로 나오게 됩니다. 그렇습니다. 하나님이 아니면 도무지 수수께끼가 풀려지지 않습니다. 그 수많은 우연은 결코 우연일 수가 없습니다. 이것은 창조주의 필연이 있었습니다. 너무나 절묘한 창조의 규칙과 창조의 증거들을 보면서 하나님의 독창적이고 유능하며 때로는 유머러스한 동식물들의 신비한 재주 앞에 절로 미소가 생겨납니다.

두 번째로는 이 책의 참된 가치는 자라나는 다음 세대에게 매우 유익하다는 점입니다. 마치 아버지가 자녀에게 수수께끼를 내고 대화하듯 재미있고 흥미로운 구성이 단연 돋보입니다. 지금까지 지구의 나이라든지 유인원의 진화에 국한된 내용에서 벗어나 일상 속에서 쉽게 접근해 볼 수 있는 내용입니다. 예컨대 된장, 간장, 식혜를 보면서 음식을 만드는 지혜는 어디서부터 시작되었을까? 요리가 주는 창조론적인 설명을 보면서 하나님의 형상대로 지음 받은 사람의 탁월함을 보여 줍니다. 우리가 마시는 물과 공기, 산소의 비율이 조화와 균형 속에 있는 하나님의 능력과 은총이라는 점을 쉽게 설명해 줍니다. 이러한 생활 밀착형 질문은 아동기에 매우 유익합니다. 영유아기를 비롯해서 호기심 많은 아동은 발달상 타고난 과학자입니다. "왜"라는 질문을 끊임없이 묻기에 부모를 때때로 당혹스럽게 만드는 나이입니다. 이러한 아이들에게 이 책은 부모와 자녀가 함께 공유할 수 있는 과학 수수께끼 놀이에 흠뻑 빠져들 수 있는 계기가 되어 줄 것입니다.

셋째로 이 책은 단순히 과학자의 눈으로 분석한 창조론에 대한 객관적인 사실을 제공하는 것에 그치지 않고 창조주 하나님을 향한 신앙교육과 연계할 수 있도록 구성되었습니다. 성경말씀의 기록과 대비하면서 믿기 어렵다는 성경의 기록과 성경 속의 과학이야기를 재미있게 풀어서 설명해 주고 있습니다. 토끼가 과연 새김질을 할까? 야곱의 양떼에 나타난 하나님의 유전법칙, 전파 통신, 그리고 성경 속의 우주과학 이야기와 역사의 증거들이 성경에 대한 권위와 진실을 잘 보여 주고 있습니다. 특히 창조론과 진화론에 대한 내용에서 진화론의 허무맹랑함을 고발하며 창조과학과 창세기로 돌아가야 할 이유를 명확하게 보여 주고 있습니다. 흔히 과학은 중립적이고 객관적 사실이라고 믿지만 인간이 만든 과학이 가치중립적인 것일 수 없으며 오히려 과학을 성경적 관점으로 보아야 한다는 점은 독자로서 귀담아들어야 할 부분입니다.

창조론인가 진화론인가에 대한 선택에서 이제 더 이상 물러설 데가 없습니다. 기독교교육자이며 부모로서 당신은 반드시 선택을 해야만 합니다. 만약 적극적으로 창조론을 가르치지 않는다면 이미 소극적으로 진화론을 받아들인 것입니다. 우리 자녀들을 진화론에게 양보하시렵니까? 아니면 믿음의 눈을 들어 창조주 하나님을 향하게 하시렵니까? 이 책을 식탁 가까이 두고 적극적으로 자녀와 함께 창조이야기, 하나님의 사랑이야기를 시작해 보십시오.

조혜정 (총신대학교 아동학과 교수)

"초중고 학생들과 그들을 가르치는 교사들께 추천합니다"

모든 기독 교사들은 제자들에게 진화론에 대해 논리적으로 그 잘못을 알려 주고 창조주 하나님의 창조 목적을 밝히는 일에 모든 지혜를 모아야 한다고 생각합니다. 『창조, 맞습니다』의 주제인 창조에 대해 기록된 창세기 1장을 믿으면 성경 전체가 역사적 사실로 믿어집니다. 따라서 『창조, 맞습니다』 책에 대한 대답은 "아멘"입니다. 창조주 하나님이 천지를 만드시고 지금 이 순간에도 여전히 섭리 가운데 우주와 지구를 질서 있게 운행하시며 통치하시고 다스리심을 믿습니다.

그러나 흔히 창조와 부딪히는 진화론은 과학이란 명분하에 창조와 맞서 갈등을 일으킵니다. 사실 모든 과학은 창조주 하나님을 알아 가는 데 도움이 될 수는 있지만 갈등을 일으킬 수 없습니다. 예컨대 시계를 만든 장인과 시계의 원리를 설명하는 이론이 부딪힐 수 없는 것처럼 말입니다. 오히려 그 이론은 장인의 존재를 더욱 확실하게 증명해 줍니다. 만약 갈등을 일으킨다면 그 이론은 장인이 시계를 만든 원리를 인정하지 않는 것이죠.

이 책에서는 우리가 보는 성경과 피조세계에서 창조주 하나님의 창조 목적을 보고 이해하는 데 도움을 줄 수 있도록 쉽고 명쾌하게 풀어 줍니다. "창조"만이 이 세상의 기원을 설명하는 유일한 매뉴얼임을 믿게 해 줄 것입니다. 따라서 하나님을 알고 성경 말씀만이 진리라는 고백을 하는 모든 분들에게 기쁜 마음으로 이 책을 추천합니다.

이종삼 (꿈의학교 교장)

"창조론과 진화론을 혼합하고 싶은
유혹을 느끼시는 분들에게 추천합니다"

종종 대중은 과학을 절대 불변의 진리 혹은 신앙마저도 위협할

12

수 있는 무결점의 논리체계로 받아들입니다. 하지만 과학사에 대한 약간의 상식만 있어도 과학에 대한 절대 신뢰가 지구과학 시간에 배운 '맨틀 위에 떠 있는 얇은 지각판'같이 위태로운 것이라는 사실을 깨닫게 됩니다. "모든 것은 변한다"는 명제 이외에 모든 것은 변합니다. 과학도 예외가 아닙니다. 귀납적인 사고방식에 따른 모든 지식은 '검은 백조'가 나타났을 때의 충격처럼 언제든 도전받고 무너져 내릴 수 있는 가능성이 높은 이론 또는 설(說)에 불과합니다.

이 책의 내용은 북한에서 하나의 종교적 진리처럼 받들어지고 있는 '진화론'의 허점을 북한 성도들과 청취자들에게 방송으로 전하기 위해 만들어졌습니다. 저 역시 1년간의 방송을 통해 기존 과학계의 통설과 신앙에 기반한 학계의 의견을 비교할 수 있는 지혜를 축적하게 된 좋은 기회였다고 생각합니다. 특별히 현대 과학과 신앙은 양립할 수 없다는 견해를 갖고 '과학은 과학, 신앙은 신앙'이라는 이분법적 생각으로 신앙생활을 하고 계신 분들, 기존 과학 지식을 습득할수록 성경의 창조가 진화론의 주장과 너무나 달라 창조론과 진화론을 혼합하고 싶은 유혹을 느끼시는 분들에게 이 책을 추천합니다.

강한빛 (극동방송 PD)

"일반인들에게도 전도의 큰 도구가 될 것으로 생각됩니다"

눈에 보이지 않는 하나님께서 이 세상의 만물을 창조하신 것을 알고 믿게 되는 것은 큰 축복이라고 생각합니다. 예수님께서 저를 위해 십자가에서 돌아가신 것을 알게 되고 사랑하게 된 것처럼 놀라운 축복이 아닐 수 없습니다.

의대생 시절 의학을 공부하면서 복잡하고 어렵다는 생각이 많이 들었습니다. 하나님께서 인간을 창조하셨다는 것을 생각하지 못한 채 공부했던 것 같습니다. 하지만 한국창조과학회의 여러 강사님들을 통해 창조의 하나님을 더욱 깊게 알게 되었으며, 남은 인생을 살아오면서 아름다운 자연과 생명 속에 담긴 주님의 사랑을 알아 가고 있습니다. 그동안 많은 창조 강의들을 들어 왔고, 새로운 강의들을 듣게 되기를 사모하고 있었습니다.

이번에 김광 교수님께서 쓰신 『창조, 맞습니다』 책을 읽으면서 얼마나 행복했는지 모르겠습니다. 하나님께서는 하나님이 사랑하시고 하나님을 사랑하는 사람에게만 그 비밀을 알려 주신다는 생각이 듭니다. 욥에게 하나님께서 직접 창조과학을 설명해 주신 것처럼, 이 책을 읽으면서 같은 느낌을 받았습니다. 창조와 기원에 대한 관심이 많은 일반인들에게도 전도의 큰 도구가 될 것으로 생각됩니다. 앞으로 이 책의 다음 편들이 빠르게 계속해서 나오기를 사모합니다.

강윤철 (피부과 전문의, 의학박사)

이 책은 창조과학에서 다루는 다양한 주제들을 통하여 창조주 하나님께서 천지만물을 창조하시고 섭리하고 계시다는 수많은 자연계시의 사실들을 살피고, 역사적·과학적 증거들을 찾아보려는 작은 노력의 첫 번째 열매입니다. 많은 분들이 창조과학 이야기들은 과학을 좋아하거나 전공으로 공부한 사람들이나 이해할 것이라는 오해를 합니다. 하지만 "하늘이 하나님의 영광을 선포하고 궁창이 그의 손으로 하신 일을 나타내시는도다"라고 하신 시편 19:1의 말씀을 보면 하나님의 창조의 영광은 누구든지 쉽게 찾아볼 수 있도록 하늘에 가득하다고 기록되어 있습니다. 하나님께서는 눈을 들어 하늘을 보면 얼마든지 창조의 영광과 능력을 찾게 된다고 하셨는데 우리가 눈이 어두워서 제대로 못 보는 것이 아닌가 생각합니다.

몇 년 전부터 특별한 과학지식이 없더라도 얼마든지 쉽게 찾고 느낄 수 있는 창조의 섭리가 많다는 것을 전하기 위해 〈생활 속 창조이야기〉라는 주제로 창조과학 강연을 하기 시작했습니다. 그리고 2007년 가을, 극동방송 〈복음의 메아리〉라는 대북 선교방송 프로그램에서 〈창조과학 이야기〉라는 제목으로 매주 20분 정도씩 20개월가량 하나님의 창조를 전했습니다. 그 후 2014년 가을에 새로운 프로그램 〈과학을 과학답게〉라는 주제를 가지고 1년 동안 극동방송에서 진행했던 방송 원고를 책으로 펴내게 되었습니다. 귀로 들어야만 하는 라디오 방송을 위한 원고여서 최대한 간결하고 쉽게 전달하려고 노력했습니다. 함께 방송을 진행하면서 창조의 진리와 감동을 나누었던 극동방송의 김대은 PD와 강한빛 PD, 탈북가족인 강디모데 형제와 김봄 자매에게 감사를 전합니다.

책의 내용을 읽고 과분한 추천사를 써 주신 한국창조과학회 이은일 회장님과 총신대학교 조혜정 교수님, 꿈의학교 이종삼 교장선생님과 친애하는 강윤철 원장님께 진심으로 감사를 드립니다. 지면을 빌려 특별한 고마움을 전하고 싶은 분들이 있습니다. 이 땅에 하나님의 창조 진리를 전하며 조국교회의 성도들이 창조신앙을 회복하는 데 모든 정성과 노력을 다하는 창조과학 동역자분들이 있었기에 이 책이 결실이 되었음을 고백합니다. 모두 다 기록할 수 없지만 이웅상 목사님, 김준 교수님, 이병수 교수님, 하주헌 교수님, 김홍석 목사님, 김경 권사님께 정말로 사랑하고 존경한다는 말씀을 드립니다. 이 책의 많은 내용들은 그동안 수많은 창조

16

과학 사역자들의 섬김을 통해 연구되고 드러난 결과들을 참고하고 정리한 것입니다.

이 책의 표지를 만들어 주시고 꼼꼼하게 검토해 주신 전부일 선생님과 멋진 작품을 표지 디자인으로 사용하도록 허락해 주신 정계헌 교수님, 빠듯한 일정 속에 출판을 위해 수고해 주신 세창미디어의 여러분께 감사드립니다.

이 책은 어린아이에서부터 청소년, 학부모, 교사 등 하나님의 창조의 섭리를 알고 싶고 전하고 싶은 분들을 위한 책입니다. 그리고 이 책에서 다루는 내용을 지식으로 알게 되는 것보다는 진리의 말씀인 성경을 더 잘 알고 믿게 되기를 소망합니다. 부디 성경의 말씀을 기록된 대로 잘 믿고, 더 나아가 창조주 하나님을 믿는 믿음이 강건해지는 귀한 은혜가 있게 되기를 바랍니다.

2016년 5월 에리카 캠퍼스에서
김　광

| 차 례 |

추천의 글   4

들어가는 글   15

1   살아가는 모습 속에서의 창조 증거들

질서가 지켜진다는 것   22

사람만 옷을 입는 이유   27

다양한 맛있는 음식을 먹으면서   33

요리하는 모습   38

선물을 주고받으면서   43

초고층 빌딩   49

가장 가치 있는 것   55

우연이 있을까?   60

2   동식물이 보여 주는 창조의 증거들

여행하는 동물들   68

놀라운 능력을 지닌 동물들   73

식물에게서 찾아보는 창조의 증거들   88

창조 솜씨를 흉내 내라!   94

3   성경 속에서 찾아보는 창조의 증거들

성경에 틀린 내용이 있다는 주장에 대해   106

성경 속 과학이야기   117

성경 속 우주과학 이야기   127

바벨탑 이야기   133

성경 속 역사의 증거들   149

4   창조! 맞습니까?

창조론이란? 진화론이란?   162

진화론 ― 무엇이 문제인가?   168

창조과학과 성경   174

창세기로 돌아가기   181

나가는 글   187

1
살아가는 모습 속에서의
창조 증거들

하나님께서 모든 만물을 창조하셨다는 진리가 정말로 진리라는 증거들은
특별한 사람들만 찾을 수 있는 것이 아닙니다. 누구든지 찾을 수 있도록
만물 속에 드러내 주셨습니다. 과학을 전공하지 않았더라도, 특별한 지식
을 쌓지 않았더라도 조금만 눈을 크게 뜨고 귀를 기울이면 얼마든지 창조
의 증거들을 찾게 될 것입니다.
생활 속에서 창조주 하나님의 영광스러운 능력과 신성을 함께 느끼고 깨
달아 창조의 진리를 알아가는 즐거움을 맛보게 되시기를 바랍니다.

질서가 지켜진다는 것

질서가 만들어지려면?

예전에 어떤 기관에서 "부모님께 가장 듣기 싫은 잔소리가 무엇인가?"라는 주제로 재미있는 설문조사를 한 적이 있었습니다. 상위권에 든 내용 중에서 바로 "방 좀 치워라"라는 잔소리가 들어 있었습니다.

방을 깨끗하게 치우기 위해서는 치우는 사람의 지혜와 노력이 필요합니다. 얼마나 지혜와 노력을 들였느냐에 따라서 방의 모습이 달라집니다. 반대로 방을 어질러 놓기 위해서는 별로 지혜와 노력이 필요하지는 않습니다. 그냥 가만히 내버려 두면 시간이 지나면서 점점 어질러지게 됩니다.

우리 주변에서 찾아볼 수 있는 질서

우리 주변에서는 쉽게 볼 수 있는 자연의 질서가 있습니다. 이제 추운 겨울이 지나 봄이 왔습니다. 조금 지나면 어느새 여름이고, 여름이 지나면 가을, 그리고 겨울이 되었다가 다시 1년 만에 봄이 찾아옵니다. 매년 변함없이 4계절이 반복되고 있습니다. 이렇게 4계절이 한 번씩 반복하는 데에는 한 해가 걸린다고 합니다. 이는 지구가 태양을 한 번씩 돌 때마다 걸리는 시간입니다. 계절의 질서가 있는 것입니다.

1년이 열두 달이라는 것도 비슷한 질서라고 볼 수 있을까요? 그렇습니다. 달은 지구를 한 달에 한 바퀴씩 돌고 있습니다. 그래서 1년 열두 달은 달이 지구를 한 해에 열두 바퀴 돈다는 것을 말합니다. 그리고 한 달 동안 달이 지구를 돌 때에는 밤마다 초승달에서 반달, 보름달을 거쳐 그믐달에 이르기까지 그 모양의 변화 역시 질서가 있습니다.

마찬가지로 하루의 길이가 항상 24시간이라는 것도 질서입니다. 지구는 하루에 한 번씩 돌고 있습니다. 하루 24시간은 늘 계속되고 있습니다. 그래서 하루의 반은 낮이 되고, 반은 밤이 됩니다. 만일 하루가 24시간보다 길어지게 되면 낮과 밤이 그만큼 길어지게 되고, 낮의 기온은 훨씬 더 올라가고, 밤의 기온은 훨씬 더 내려가게 됩니다. 생명체가 살아가기에 훨씬 더 어려운 환경이 되어 버리는 것입니다. 하루 24시간의 길이는 지구상의 생명체가 살기에 딱 좋은 아주 정확하게 맞춘 시간입니다.

자연 속에 순서와 시간이 맞춰진 질서와 법칙이 있다는 것은 아주 중요한 사실입니다. 동물들의 모습에서도 이런 질서가 있지 않을까요?

동물들의 세계에서 찾을 수 있는 질서

동물의 세계에서도 수많은 질서가 지켜지고 있습니다. 개구리는 알에서 나온 후 올챙이 시절을 거쳐 뒷다리가 나오고, 앞다리가 나오고, 꼬리가 점점 없어져서 개구리가 됩니다. 나비는 어떻습니까? 애벌레로 살아가는 시기가 있으며 고치가 되었다가 정해진 시기가 되면 고치를 찢고 나와 멋진 모습을 뽐내며 날아다니는 나비가 됩니다. 나비가 되기 위해서 고치를 찢고 나오는 모습을 보면 경이롭기도 하지만 힘겨워 하는 모습은 무척 안타깝기도 합니다. 그렇다고 고치를 손으로 찢어 주거나 벌려 주어 좀 더 쉽게 나오도록 도와주면 안됩니다. 왜냐하면 고치를 찢고 나오는 과정동안 있는 힘을 다해 애쓰면서 나비는 날개 끝자락에까지 영양분을 공급할 수 있게 되기 때문에 고치를 찢고 나온 후에 훨훨 날 수 있게 되는 것입니다. 얼마나 오묘한 창조의 질서입니까?

한 가지 더 예를 들어 볼까요? 대부분의 육상 동물들은 암컷과 수컷 간의 교배를 통해 번식하지만, 물가나 물속에 사는 어류, 양서류와 같은 많은 동물들은 체외수정을 통해 번식합니다. 즉, 암컷이 많은 난자를 뿌려 놓으면 수컷이 그곳에 정자를 뿌려서 수정란이 만들어지고 이 수정란이 발생과정을 거쳐 어린 새끼들로 태어나는 것입니다.

혹시라도 체외수정을 하는 수많은 동물들이 마구 뿌려 놓은 난자와 정자들이 섞이게 될 때에 혹시 엉뚱한 만남을 통해 새로운 종류의 동물이 생겨나지는 않을까요?

절대 그렇지 않습니다. 종류가 다른 동물의 난자와 정자가 아무리 섞인다고 해도 절대로 수정란이 만들어지지 않습니다. 반드시 같은 종류의 동물 난자와 정자가 만났을 때에만 수정란이 됩니다. 그래서 물가에 수많은 종류의 곤충과 양서류, 수중생물들이 함께 살고 있더라도 언제나 같은 종류끼리만 번식할 수 있게 됩니다. 이와 같이 동물의 세계를 살펴보면 창조주 하나님께서 부여한 놀라운 질서가 있습니다.

위대한 질서가 지켜지고 있다는 것은?

옛말에 '콩 심은 데 콩 나고 팥 심은 데 팥 난다'는 말도 창조의 질서라고 볼 수 있습니다. '심은 대로 거둔다'는 말에는 분명한 질서가 담겨 있습니다. 결코 심은 씨앗의 열매가 아닌 다른 씨앗의 열매를 맺지 않습니다. 누구나 상식처럼 알고 있는 사실이지만 정말로 오묘한 자연의 질서와 법칙이 지켜지고 있는 것입니다.

이런 자연 속의 질서가 흐트러지지 않고 계속해서 지켜지고 있음을 볼 때에 어떤 생각이 드십니까?

방금 말씀드렸던 것처럼 질서라는 것이 유지되기 위해서는 분명히 누군가의 지혜와 노력이 있어야 합니다. 그렇다면, 우주와 지구, 동물과 식물 등 엄청난 자연만물 모든 구석구석마다 놀라운 질서와 법칙이 있고, 이런 질서가 변함없이 유지되고 있는 것은 상상할 수 없이 전지전능하신 분의 지혜와 능력이 필요하지 않겠습니까?

이는 하나님의 영광의 광채시요 그 본체의 형상이시라 그의 능력의 말씀으로 만물을 붙드시며   (히브리서 1:3)

바로 창조주 하나님께서 모든 우주만물, 이 피조세계의 질서를 만드시고 운영하시는 분이라고 성경이 가르치고 있습니다. 그동안 별로 생각하지 못하고 지나쳤던 우리 주변의 수많은 질서들을 발견할 때마다 창조주가 계심을 기억하면서 그분께서 당연히 받으셔야 할 영광과 찬송을 온전히 돌려드려야 하겠습니다.

사람만 옷을 입는 이유

사람만 옷을 입는다는 사실

요즘 개나 고양이 등 애완동물을 기르는 사람들 중에서 애완동물에게 형형색색의 옷을 입혀 데리고 다니는 일들을 쉽게 볼 수 있습니다. 애완동물용 옷을 전문적으로 취급하는 가게도 있습니다. 개인적으로는 애완동물에게 옷을 입히는 것은 동물들을 위한다기보다 기르는 사람을 위해서라는 생각이 듭니다. 다들 아시는 것처럼 어떤 동물들도 스스로의 필요에 의해 사람처럼 옷을 만들어 입지는 않습니다. 즉, 사람 이외의 어떤 동물들도 옷을 입을 필요를 느끼지 못하는데 오직 사람만 옷을 입고 있다는 것입니다.

사람만 옷을 입는다는 것을 과학적으로 따져 볼까요?

진화론에서는 수억 년 전부터 동물들이 진화되어 왔으며, 사람이야말로 가장 잘 진화된 동물이라고 말합니다. 이를테면 바다 속에 살던 물고기와 같은 수중생물이 개구리 같은 양서류가 되고, 다시 오랜 세월에 걸쳐서 뱀이나 도마뱀 같은 파충류가 되었다가 그중에서 포유류로 진화되고, 다시 유인원에서 인간으로 진화된 것이라고 합니다.

이런 진화론에서 설명하기 매우 어려운 모습 중 하나가 바로 사람만 옷을 만들어 입는 모습입니다. 왜 오랜 세월동안 진화해 왔다고 하는 다른 동물들은 아직까지 옷을 만들어 입을 필요를 느끼지도 않고, 옷을 만들 만한 능력을 갖추지 못했는데, 어떻게 사람만 옷을 해 입고 있는 것일까요?

그렇기 때문에 옷을 만들어 입는 유일한 존재인 사람의 모습은 창조와 진화를 가르는 하나의 주제가 되는 것입니다.

사람이 옷을 만들어 입게 된 이유

옷의 기원에 대해서는 그동안 여러 가지 가설들이 제기되어 왔습니다. 그중에서 대표적인 4가지 주장들을 간단히 살펴보겠습니다.
1) 수치설-부끄러움을 가리기 위해 옷을 입기 시작했다는 것입니다. 창세기의 아담과 하와 이야기와 비슷하지만 차이가 있습니

다. 인간이 옷을 입게 된 후에야 비로소 수치스러움을 느끼게 된 것으로 봅니다. 왜 수치심을 느끼게 된 것인지는 모른다는 것입니다. 옷을 입지 않아도 부끄러움을 모르는 갓난아이도 자라면서 수치심을 배우게 되면 수치심을 가리기 위해 옷을 입을 줄 알게 된다는 것이죠.

2) 이성유혹설-남녀가 서로 상대방의 주의를 끌기 위해서 옷을 입기 시작했다는 가설입니다. 동물들 중에서도 수컷이 암컷을 유혹하기 위해서 노력하는 것처럼 사람도 몸의 일부를 가리거나 일부만을 드러내어 이성을 유혹하려고 옷을 만들어 입기 시작했다는 것입니다.

3) 장식설-인간에게는 자신의 몸을 가꾸려고 하는 본능이 있기 때문에 자기 자신을 장식하기 위해서 옷을 입게 된 것이라는 설명입니다. 미개인이나 야만인이라도 배고픔이 해결되고 나면 몸을 장식하는 데에 관심을 기울이게 된다는 것을 예로 들고 있습니다.

4) 보호설-추위를 막고 몸을 따뜻하게 하기 위해서, 또는 동물들이나 거친 환경으로부터 몸이 다치는 것을 막기 위해서 옷을 입었다는 것입니다.

앞에서 말씀드린 주장들 중에 어느 것도 모든 동물들과는 전혀 다르게 사람만 옷을 입게 되었는지 명쾌하게 설명하지 못하고 있습니다. 예를 들어 중동이나 아프리카에 살고 있는 어떤 종족들은 뜨거운 햇볕 아래에서 많은 옷을 껴입은 채로 일하는 모습을 보이는데, 이는 기후에 적응하기 위해서 옷을 입었다는 주장과는 전혀 맞지 않아 보입니다.

옷을 벗으면 부끄러운 이유

옷을 벗고 있어도 수치심을 못 느끼는 사람들이 있기도 합니다만 이런 모습과 인간이 오래전에는 수치심을 모르고 있다가 진화하면서 수치심을 느끼게 되었다는 주장과는 별로 상관없어 보입니다.

오히려 사람으로서 당연히 지니고 있어야 할 수치심을 가지지 못했다는 것은 그만큼 망가지거나 고장 나 있는 상태라고 보아야 할 것입니다.

진화론이 가진 중요한 문제점 중 하나가 바로 인간이 수많은 동물들 중에 하나의 동물이며, 계속해서 인간 역시 진화되어 온 매우 고등한 동물이라고 보는 것입니다. 사람과 동물이 같은 뿌리를 가지고 진화해 온 존재라는 생각으로는 결코 사람만 옷을 입게 된 이유를 설명할 수 없습니다. 진화론에서는, 아니 사람이 생각해 낸 과학과 문화적인 사고방식으로는 절대로 알 수 없는 옷의 기원이 있다는 것입니다.

옷의 바른 기원

세상 모든 것의 시작을 알려 주고 있는 책이 바로 성경의 창세기입니다. 창세기에는 하나님의 형상대로 지음 받은 매우 중요한 피조물인 인간의 시작을 기록하고 있습니다. 아담과 하와 두 사람이 창조되었을 때 보이는 모든 것은 창조주 하나님이 보시기에 매우 좋았습니다. 그리고 이들이 창조되었던 처음에는 옷을 벗고 있어도 부끄러움을 느끼지 않았습니다. 지금 우리는 전혀 상상하기 어려운 상황이었습니다. 하지만 사탄의 꾐에 넘어간 인류 시조 아담과 하와는 선악과를 따먹게 됩니다.

> 여자가 그 나무를 본즉 먹음직도 하고 보암직도 하고 지혜롭게 할 만큼 탐스럽기도 한 나무인지라 여자가 그 열매를 따먹고 자기와 함께 있는 남편에게도 주매 그도 먹은지라 이에 그들의 눈이 밝아져 자기들이 벗은 줄을 알고 무화과나무 잎을 엮어 치마로 삼았더라
>
> (창세기 3:6~7)

바로 이 장면에서 왜 인간만이 어떤 동물들도 느끼지 않는 수치심을 느끼게 되었으며, 부끄러움을 가리기 위해 옷을 입게 되었는지를 알려 주고 있습니다. 바로 인간이 타락한 결과입니다. 그리고 타락한 인류 시조를 위해서 하나님께서는 이들에게 짐승의 가

죽으로 옷을 만들어 입히십니다.

여호와 하나님이 아담과 그 아내를 위하여 가죽옷을 지어 입히시니라

(창세기 3:21)

이때부터 인간은 갖가지 재료들을 가지고 각양각색의 옷을 만들어 입게 되었던 것입니다. 이후 옷에 대한 여러 종류의 의미를 부여하면서 나라별로 민족별로 다양한 의복 문화를 만들어 왔다고 볼 수 있습니다.

다양한 맛있는 음식을 먹으면서

인간만 다양한 음식을 만들어 먹는다는 사실

먹고 싶은 음식을 특별히 요리해서 만들어 먹을 줄 아는 존재가 사람뿐이라는 사실은 사람이 동물에서 진화한 존재일 수 없다는 증거가 됩니다. 사람과 가장 가까운 동물이라는 원숭이나 침팬지 같은 동물들에게서는 요리라고 볼 수 있는 어떤 능력이나 지혜를 찾아볼 수 없습니다.

그만큼 음식을 만들기 위해 다양한 재료를 다양한 방법으로 요리하는 모습은 창조주 하나님께서 인간을 특별한 지혜와 능력을 가지도록 만드셨다는 증거입니다.

예전에 집에서 들기름과 참기름을 직접 짜 보았습니다. 들깨와 참깨를 깨끗이 씻어서 따로 담아 놓은 다음에 프라이팬에 볶아서 기름짜는 기계에 넣었더니 신기하게도 깻묵과 기름이 분리되어 나오는 것이었습니다. 한참 동안 들기름을 짜고는, 다시 볶은 참깨를 넣고 참기름을 짜 보았습니다. 며칠 동안 집안에는 고소한 기름 냄새가 진동하였습니다. 깨를 볶기도 하고, 기름을 짜기도 하면서 여러 생각이 들었습니다.

'어떻게 깨에서 기름을 짜 먹을 생각을 했을까?'

'참깨와 들깨에서 서로 다른 맛의 기름을 짤 수 있다는 것을 어떻게 알게 되었을까?'

'짐승들은 풀을 뜯어 먹을 때에 생풀을 그냥 뜯어 먹을 줄만 아는데 사람은 왜 깻잎은 깻입대로 먹고, 깨는 볶거나 으깨서 깨소금으로 먹기도 하고, 깨를 뜨겁게 눌러 기름을 짜서 먹을 줄 아는 것일까?'

이런저런 생각을 하면서 역시 사람에게 뛰어난 지혜를 부어 주신 창조주 하나님께 감사함을 느끼지 않을 수 없는 시간이었습니다.

매년 가을이 지나 겨울이 오기 전에 우리나라에서는 몇 주 동안 김장을 담그는 기간이 있습니다. 우리나라 사람들에게 매우 중요하면서도 특별한 음식인 김치만 해도 다양한 종류의 요리법이 있습니다.

요즘에는 김치를 만들어 판매하는 회사들이 많은데, 판매용으로 만드는 김치의 종류만 해도 지역이나 계절에 따라 수십 가지가 넘는 다양한 김치 종류가 있습니다. 주 재료가 무와 배추, 오이, 파 정도인데 우리 조상들은 그동안 지역별로 계절별로 재료별로 다양한 김치를 음식으로 개발하여 맛있게 먹고 있었던 것입니다.

김치를 오랫동안 보관하면서 갓 익은 김치에서부터 잘 익은 김치, 푹 익은 묵은 김치까지 입맛과 취향에 따라 먹기도 합니다. 대표적인 발효 음식인 김치는 우리나라 사람들의 음식 만드는 지혜를 보여주기도 합니다.

발효음식은 언제부터?

음식을 발효시켜서 먹는 방법은 참으로 놀라운 지혜의 산물입니다. 전 세계 거의 모든 나라에서는 자신들만의 발효식품들을 가지고 있습니다. 우리나라에서는 김치, 된장, 간장, 젓갈, 식혜 등 여러 종류가 있고, 일본에서는 우리 청국장과 비슷하게 삶은 콩을 발효시킨 낫또라는 음식이 있습니다. 이외에도 동서양을 막론하고 음식재료를 발효시켜서 먹는 요리법이 다양하게 존재합니다. 발효는 인류의 역사와 함께 시작되었다고 말합니다. 민족이나 나라별로 과실주, 곡물주, 빵, 치즈, 요구르트 등을 만들 때에 이용되어 왔습니다.

문화인류학에서는 발효음식에 대한 기원은 역사가 기록된 초기에서부터 시작된 것으로 말합니다. 성경에서도 발효음식이 등장합니다. 4천5백 년 전쯤인 노아 홍수 직후에 노아가 포도주를 만들어 먹기도 하였습니다.

그리고 모세 시대나 다윗 시대에도 빵, 버터, 치즈 등의 음식에 대한 기록이 성경에 나옵니다.

> 너희는 이레 동안 무교병을 먹을지니 그 첫날에 누룩을 너희 집에서 제하라 무릇 첫날부터 일곱째 날까지 유교병을 먹는 자는 이스라엘에서 끊어지리라
> (출애굽기 12:15)

> 이 치즈 열 덩이를 가져다가 그들의 천부장에게 주고 네 형들의 안부를 살피고 증표를 가져오라
> (사무엘상 17:18)

> 꿀과 버터와 양과 치즈를 가져다가 다윗과 그와 함께 한 백성에게 먹게 하였으니 이는 그들 생각에 백성이 들에서 시장하고 곤하고 목마르겠다 함이더라
> (사무엘하 17:29)

성경에 버터나 치즈가 나오는 것은 정말 신기하기도 하고 재미있기도 합니다. 성경에 기록된 음식과 관련된 말씀들을 통해서 보더라도 창조 때부터 인간은 매우 지혜로웠으며, 동물과 같은 수준

에서 진화되면서 지혜와 능력을 우연히 얻은 것이 전혀 아니라는 사실을 분명하게 가르쳐 주고 있습니다.

우리는 맛있는 음식을 직접 요리해 먹을 수 있는 것을 너무나 당연하게 여기고 있지만, 이런 사실에서도 사람을 하나님의 형상대로 하나님을 닮은 지혜와 능력을 부어 주셨다는 창조의 진리를 생각할 수 있습니다.

오늘 우리에게 일용할 양식을 주시옵고 　　　　　　(마태복음 6:11)

맛있고 다양한 육신의 먹거리를 주시는 하나님께 감사를 드리면서, 나아가 영적으로도 풍성한 양식을 충만히 부어 주실 것을 날마다 구하는 모습이 되어야 할 것입니다.

요리하는 모습

사람과 불

대부분의 음식을 만들기 위해 불을 사용합니다. 즉, 굽고, 삶고, 찌고, 끓이는 요리를 하는 것입니다.

진화론에 바탕을 두는 문화인류학에서는 50만 년 전의 구석기 시대에 드디어 인간이 불을 사용하게 되었다고 말합니다. 그 시절을 상상해 본다면 이렇습니다. 산에 갑자기 불이 나서 산을 온통 태워 버린 후에 산에 오른 사람들이 불에 탄 짐승들을 발견하게 됩니다. 그리고 맛있는 냄새를 맡고 짐승들의 고기를 맛보았을 때, 이전에 먹던 생고기와는 다른 맛을 알게 된 것입니다. 이때부터 사람들은 일부러 불을 피워서 고기를 구워 먹기 시작했다는 것입니다.

요리기술 발전에 대한 진화론적 설명

그러면서 오랜 세월이 지나면서 불의 세기를 적절하게 조절하는 법을 터득하면서 가장 맛있게 음식을 만들어 먹는 방법을 찾아왔다는 것이 진화론적인 설명입니다. 즉, 가장 중요한 핵심은 우연히 불을 발견했고, 우연히 불로 짐승을 태우면 맛있게 먹을 수 있다는 것을 알게 되었고, 우연히 불의 세기를 조절하면 더욱 맛있게 고기를 요리해 먹을 수 있다는 것을 알게 되었다는 것입니다.

게다가 어떤 지역의 인간들은 나뭇잎에 고기를 싸서 구워 먹으면 고기가 타지 않아서 더욱 맛있게 먹을 수 있다는 것을 우연히 찾아냈으며, 또 다른 지역의 인간들은 그릇을 만들어 찌거나 삶아 먹는 방법을 우연히 찾아냈다는 것입니다. 즉, 인간이 구이요리를 발견한 후 용기 사용법을 알게 되면서 찜이나 탕, 삶는 방식의 요리방법을 우연히 찾게 되었다는 것입니다.

이렇게 수십만 년 동안의 우연한 경험들이 모여서 지금과 같이 각 나라별로 매우 다양한 음식과 요리들을 즐기게 되었다는 것입니다.

우리나라 사람뿐 아니라 세계의 많은 사람들이 자주 즐기는 요리의 종류 역시 돼지나 소 등의 고기를 구워 먹는 것입니다. 인간이 우연히 불을 발견한 후에 우연히 구이 요리법을 알게 되었고, 이 때문에 먹을 수 있는 음식의 종류도 훨씬 많아졌고 음식 맛도 좋아졌으며 섭취하는 영양분도 훨씬 더 좋아졌다고 말합니다. 하지만 인간이 그릇을 이용한 요리방법을 찾는 데에는 매우 많은 세월이 필요했기 때문에 그릇을 만들지 못하던 오랜 세월 동안 즉, 수십만 년 정도는 불에 고기를 직접 구워 먹었으며, 이로 인해 주로 탄 음식을 먹었던 것으로 추정하고 있습니다.

상상해 보십시오. 음식을 맛있게 구워 먹을 줄 몰랐던 구석기시대의 인간들이 수십만 년 동안 일단 짐승을 불로 태운 다음에 먹을 만한 부분을 골라서 먹었다는 것입니다. 수십만 년 동안….

더 큰 의문은 50만 년 전쯤에 우연히 불을 발견했다는 인류의 조상들은 불과 50만 년 정도가 지나 현재에 이르렀을 때에 엄청나게 다양한 요리법을 터득하여 지역별로 민족별로 찬란한 음식문화를 즐기고 있는 데 반해, 그 옛날 1억 년 이상 지구를 지배했다던 공룡들이나 수천만 년간 진화되어 인류와 비슷하게 진화되었다는 침팬지나 원숭이들에게서는 자연상태 그대로의 고기와 과일, 채소, 풀을 먹는 방법 외에는 변변찮은 요리법 하나 찾아볼 수가 없을까요?

어떻게 인간만이 이렇게 특별하고도 탁월한 진화의 가속도가 붙을 수 있었냐는 것입니다. 과연 진화라는 과정이 실제로 있었을까요?

요리에 대한 창조론적 설명

이렇게 음식을 요리하는 모습 하나만 보더라도 인간과 동물은 같은 진화의 과정을 거쳐서 지금의 모습이 된 것이 전혀 아니라는 것을 알 수 있습니다.

오히려 인간이 창조되었을 때부터 지혜로웠다는 성경의 기록은 사실일 수밖에 없습니다. 성경을 보면 사람은 창조되었을 때부터 매우 지혜로웠고, 인류시조 아담이 살던 시대부터 불을 사용하는 것뿐 아니라 음식과 문화, 예술, 건축 등 수많은 문명이 있었음을 알려 주고 있습니다. 아담의 아들인 가인과 아벨은 각각 농사와 목축을 하였고, 여호와 하나님께 제물을 바쳐 제사하는 모습을 통해 불을 사용했음을 알게 됩니다. 그리고 가인이 동생을 죽인 후에 떠나서 성을 쌓았다는 기록과 가인의 후손들에 대한 기록을 통해 당시의 문화, 예술, 기술의 내용을 엿볼 수 있습니다.

그리고 인류의 조상이 절대로 현대인보다 미련하거나 어리석지 않고, 도리어 훨씬 더 지혜롭고 탁월하다는 것을 성경을 통해서 알 수 있습니다. 2가지 예를 들어 보겠습니다.

인류 시조 아담은 모든 육축과 새와 들짐승들의 이름을 반나절 정도 되는 시간동안에 지었습니다. 이름을 짓는 것도 쉽지 않은 일이지만 나중에 하와와 후손들에게 전해 주기 위해서 지은 이름을 모두 기억해야 한다는 것은 정말로 아담이 지혜로운 사람이었음을 알려 줍니다.

그리고 창세기 5장에 나오는 아담에서 노아에 이르는 조상들은 하늘로 승천한 에녹을 제외하고 모두 900세를 넘게 살았습니다. 지혜로운 사람이 오랫동안 살면서 6~7대의 후손들에게까지 그 지혜를 전수해 주는 세상이 1,600년간 지속되었다는 것이 성경의 기록입니다. 얼마나 지혜가 넘치는 세상이었겠습니까?

> 이것은 아담의 계보를 적은 책이니라 하나님이 사람을 창조하실 때에 하나님의 모양대로 지으시되 (창세기 5:1)

선물을 주고받으면서

우리 주변에 있는 선물

선물을 받으면 누구에게 고마움을 느끼십니까? 우리 주변에는 엄청난 선물들이 가득한데도 미처 고마움을 표현하지 못하고 계셨다는 것을 아십니까?

우리 주변에는 수많은 종류의 꽃이 있습니다. 사람들은 꽃을 보면 아름다움을 느끼고 꽃향기를 맡으면 기분이 좋아집니다. 진화론적인 과학의 설명에 따르면 꽃을 피우는 식물은 진화가 가장 잘된 식물에 속합니다. 왜냐하면 꽃을 피우는 식물들은 곤충들의 도움을 받아서 번식하게 되는데, 식물이 곤충들을 유인하기 위해서 예쁜 꽃 색깔을 만들어 낼 수 있을 만큼 진화되었다는 것입니다. 예를 들어 바람에 꽃가루를 날리면서 번식하는 식물들보다는 꽃을 피워 아름다운 색깔을 낼 수 있다는 것 때문에 곤충들이 달려들게 했다는 것은 분명히 발전(진화)된 모습이라고 볼 수 있다는 논리입니다. 과연 그럴까요?

꽃은 정말로 형형색색의 아름다운 색깔을 보여 주고 있습니다. 그런데 곤충들은 우리가 보는 것처럼 볼 수 없다는 걸 아시나요? 사람의 눈에는 아름다운 색깔이지만 곤충의 눈으로 보게 되면 꽃의 중앙에 꿀이 많은 곳이 다른 곳보다 진하게 보일 뿐입니다. 즉, 꽃이 곤충들을 유인하기 위해서 생겨난 것이라면 사람의 눈으로 보기에 다양한 아름다운 색깔을 가지고 있을 필요가 없다는 것입니다. 사람은 오히려 꽃의 번식에 전혀 도움을 주지 않거든요.

꽃이 아름다운 이유

꽃이 아름다운 색깔을 보여 주는 것은 꽃 스스로를 위한 것이 아니라는 사실은 분명합니다. 꽃이 만들어진 처음부터 사람들에게 아름다움과 즐거움을 주기 위해 꽃이 존재한다고 보면 안 될까요? 사실 꽃이 아름답다는 것을 느끼고 감동을 받는 존재는 사람밖에 없습니다. 다시 말하면 꽃이 아름답다고 알아주는 존재는 사람뿐이라는 것입니다.

진화론에서는 모든 자연만물이 자기 자신만을 위해 진화되어 가고 있다고 말합니다. 이런 논리로 식물들은 스스로의 번식을 위해 꽃을 피우고 열매를 맺게 되었다고 말합니다. 하지만 창조주 하나님께서 자연만물을 창조하신 데에는 분명한 목적이 있습니다. 특별히 아름다운 꽃들은 오로지 하나님의 피조물인 사람을 위한 특별한 선물입니다.

> 그러나 내가 너희에게 말하노니 솔로몬의 모든 영광으로도 입은 것이 이 꽃 하나만 같지 못하였느니라
>
> (마태복음 6:29)

이 말씀을 보게 되면 사람의 능력으로는 절대로 흉내 낼 수 없는 꽃의 아름다움을 보면서 창조주 앞에서 겸손해지기를 원하시는 것 같습니다.

이렇게 생각하다 보면 또 다른 선물도 찾을 수 있지 않겠습니까?

단풍이 드는 이유는?

가을이 되면 단풍놀이를 즐기는 사람들이 많습니다. 전국적으로 많은 사람들이 여러 산에서 아름다운 단풍을 보면서 자연의 멋진 가을 경치를 누리는 것을 보게 됩니다. 그런데 단풍은 왜 드는 것일까요?

생물학적으로만 보면 가을이 지나 추워지기 때문에 나무의 잎 속에서 겨울을 나기 위한 준비를 하는 과정에서 녹색 빛깔을 내는 엽록소가 사라지고 대신 빨간색이나 노란색 등의 다른 색깔을 내는 요소들이 바깥으로 드러나면서 형형색색의 단풍이 드는 것입니다. 하지만 좀 더 다른 시각에서 단풍을 보면 어떨까요?

가을에 예쁘게 물든 단풍을 구경하려는 동물이 있나요? 어떤 동물들도 가을에 단풍잎이 곱게 물든 숲을 보면서 사색에 잠기지 않습니다. 오직 가을 단풍구경은 인간에게만 주어진 특권이라는 생각이 듭니다. 다시 말하면 가을에 단풍구경을 하면서 감동을 느끼며 즐기는 사람의 모습은, 사람이 동물과는 차원이 다르게 창조된 존재라는 것을 알려 주는 증거라고 볼 수 있습니다. 어쩌면 봄과 여름 동안에 수고하고 가을에 결실을 수확하는 때를 맞추어 아름답게 물든 단풍을 보면서 위로와 즐거움을 누리도록 특별히 사람에게만 허락하신 창조주의 선물이 아닐까 생각해 봅니다.

맛있는 선물, 과일

한 가지 더 찾아보겠습니다. 과일 이야기를 해 볼까요? 여러분이 가장 맛있다고 여기는 과일은 무엇입니까?

사실 자신이 살고 있는 지역에서 계절에 따라 나오는 과일이 가장 맛있고 유익한 과일입니다. 예를 들어 여름에는 수박이나 참

외, 포도를 많이 먹게 되고, 가을에는 사과나 감이 제철 과일입니다. 겨울에는 밤이나 호두 등의 견과류가 있습니다. 이렇게 먹는 사람에게 맛의 즐거움과 배부름, 영양분 등 여러 가지 유익을 선사하는 과일이 왜 생겨났는지 생각해 보신 적이 있습니까?

진화론에 따르면 영양분을 열매로 맺는 식물이 진화가 잘 된 것이라고 설명합니다. 영양분이 많은 열매를 동물의 먹이로 제공하는 대신 동물들이 열매를 먹은 뒤 씨를 뱉거나 배설하게 되면 이로 인해 여러 곳에 퍼져서 자랄 수 있으므로 번식에 유리하다는 것이죠. 그런데 이런 설명으로는 절대로 이해하기 힘든 부분이 있습니다. 열매를 맺는 식물들이 자신의 번식을 도모하기 위해 진화해 온 것이라면 그 열매가 왜 이렇게 보기만 해도 침이 나올 만큼 먹음직스럽고 탐스럽기도 한 것일까요? 왜 사람들의 입맛에 너무나도 맛있는 열매가 되었을까요? 이에 대한 바른 대답은 바로 성경에 있습니다. 열매와 채소를 맺는 식물들의 존재 이유를 성경에서는 너무 명쾌하게 알려주고 있습니다.

하나님이 이르시되 내가 온 지면의 씨 맺는 모든 채소와 씨 가진 열매 맺는 모든 나무를 너희에게 주노니 너희의 먹을 거리가 되리라 또 땅의 모든 짐승과 하늘의 모든 새와 생명이 있어 땅에 기는 모든 것에게는 내가 모든 푸른 풀을 먹을거리로 주노라 하시니 그대로 되니라

(창세기 1:29~30)

창조주 하나님께서는 창조하신 사람과 동물들에게 먹을거리를 주시기 위해서 채소와 과일을 맺는 식물들과 풀을 만들어 주신 것입니다. 그렇기 때문에 먹으면 맛있고, 몸에 좋은 영양분이 되며 병을 치료하는 약이 되는 것입니다. 또 이런 맛있는 열매 맺는 과일처럼 예수 그리스도 안에서 의의 열매를 맺으며 살기를 원하십니다.

예수 그리스도로 말미암아 의의 열매가 가득하여 하나님의 영광과 찬송이 되기를 원하노라   (빌립보서 1:11)

초고층 빌딩

제가 어렸을 때에 들었던 미국 뉴욕의 엠파이어스테이트 빌딩 (381m)이 가장 높은 건물이라는 이야기는 이미 옛날이야기가 되어 버렸습니다.

세계에서 가장 높은 건물

지금까지 알려진 세계에서 최고로 높은 건물은 아랍에미리트 (UAE) 두바이에 있는 162층짜리 부르즈 할리파라고 알려져 있습니다. 이 건물 꼭대기의 첨탑까지의 높이는 828m라고 합니다. 게다가 앞으로 1천m가 넘는 초고층 건물을 세우려는 계획들이 발표되고 있기도 합니다. 우리나라에서도 서울과 인천 등에 150층 가까이 되는 초고층 빌딩을 건설하려는 계획이 세워지고 있습니다. 이처럼 높은 건물을 지음으로 해서 도시나 국가의 기술과 경쟁력을 내세우려고 하는 인간의 욕심은 끝이 없는 것 같습니다.

이렇게 높은 건물을 짓고 있다는 이야기를 들으면서도 우리는 천지를 창조하신 창조주 하나님을 생각해 볼 수 있습니다.

동물들이 지은 집과 사람이 지은 집의 차이

사람에게 있어서 집은 참 중요합니다. 생활의 중심이 되어 아침에 나갔다가 저녁때에 다시 돌아가야 하는 안식처가 되는 장소입니다. 낮에는 땀 흘려 일하는 귀중한 일터가 되기도 합니다. 하지만 사람에게 있어서 집은 단순히 생활의 근거지가 되는 것뿐만이 아닙니다. 그저 추위나 더위를 피하기 위한 이유뿐만 아니라, 자식들을 기르는 터전이고 여러 문화생활, 아름다움, 예술, 과학을 실현하는 공간이 되기도 합니다. 또 어떤 사람들에게는 집이 자신의 명예나 부귀를 뽐내는 수단이 되기도 합니다. 그래서 가능하면 좀 더 크고 넓고 편안한 집을 짓기 위해 많은 돈과 노력을 기울입니다. 좁은 공간을 효율적으로 활용하기 위해 초고층 아파트를 짓고 살기도 합니다.

이렇듯 집이라는 건축물이 사람에게 다양한 의미를 가지고 있다는 것에 비해서 동물들에게는 집의 의미가 다릅니다. 동물들에게는 건물이라고 부를 만한 것이 없이 그냥 동물들이 사는 집에 불과합니다. 물론 동물들에게도 집이 휴식의 공간인 동시에 새끼를 낳아 키우는 번식의 공간이 되고, 천적으로부터 보호받기 위한 공간이 됩니다. 또한 비, 바람, 추위를 피하기 위한 좋은 은신처가 되기도 합니다. 하지만 동물들에게 예술적인 아름다움이나 기술적인 만족을 위한 집이란 상상할 수 없습니다. 여러분은 동물들 중에서 시간이 흐르면서 자신들의 주거환경을 개선하기 위해 획기적인 집짓는 기술을 발전시켜 왔다는 이야기를 들어 본 적이 있습니까? 인간이 보기에 아무리 설명하기에 어려울 정도로 뛰어난 집짓기를 보여 주는 동물에게라도 그 집은 본능적인 문제 해결 이상의 의미를 부여하지 못합니다.

집 짓는 재료나 장소에 있어서 동물과 사람은 분명한 차이가 있습니다. 대부분의 동물들은 흙, 나뭇가지, 풀잎, 자신의 분비물 등 자연재료를 가지고 집을 만들고 있습니다. 개미들은 땅 속이나 나무 밑동, 돌 밑에 집을 짓고 있으며, 새들은 높은 나뭇가지 위, 절벽 위, 바위틈 등 알을 낳고 새끼를 기르기에 안전한 곳을 찾아 집을 짓습니다. 하지만 사람들은 나무나 돌, 흙 등의 자연재료뿐만 아니라 벽돌, 시멘트, 콘크리트, 철근 등 갖가지 인공재료를 개발하여 안전하고 효율적이면서도 예술적으로나 과학적으로 훌륭한 건축물들을 만들어내고 있습니다. 집 짓는 재료 하나만 보더라도 이렇게 인간과 동물은 완전히 다른 존재입니다.

진화론에서는 인간 역시 동물과 같은 조상에서 갈라진 하나의 동물로 보고 있습니다. 단지 동물들보다 진화가 잘 되었다는 것입니다. 게다가 오래전에 동물수준의 원시인에서부터 수백만 년이 지나면서 현대인류로 진화되어 왔다고 설명합니다. 만약 그렇다면 인간과 동물들이 집 짓는 것에 있어서 이렇게 완전히 다르다는 것은 도저히 이해할 수 없습니다. 사람과 그나마 비슷한 수준이라는 침팬지나 원숭이, 고릴라, 오랑우탄 등에게서는 인간의 건축물 비슷한 것조차 찾아볼 수 없다는 사실은 인간이 동물들과는 완전히 다른 특별한 존재라는 것을 분명히 보여 줍니다.

고대인들의 건축물

인류가 지혜와 능력이 떨어지는 원시인에서부터 진화했다는 진화론의 관점에서 본다면 고대인들의 건축기술은 훨씬 낮은 수준이어야 하지 않을까요?

누구나 상식으로 알고 있듯이 인간의 건축기술은 계속해서 발전해 왔습니다. 그렇다고 옛날 사람들의 건축기술이 모든 면에서 수준이 낮은 것은 아닙니다. 세계 여러 유적지의 고대 건축물들은 문화적이나 예술적으로는 매우 뛰어난 작품입니다. 비록 지금 우리가 살고 있는 아파트나 고층 빌딩과 비교해 보면 기술적인 편리

함이나 효율성에서는 차이가 날 수 있지만 현대의 건축가들을 놀라게 만드는 뛰어난 모습들이 발견되는 것도 사실입니다.

건축물을 통해 창조를 생각해 보자

태초에 천지를 창조하신 하나님께서는 6일째 되던 날에 하나님의 형상대로 남자와 여자를 창조하시고 이들에게 다른 피조물들을 다스리는 권한을 주셨습니다. 그리고 하나님이 주신 지혜와 지식을 가지고 세상을 살아가던 사람들은 창조된 때부터 즉시 집을 짓고 성을 쌓는 일을 할 수 있었습니다. 전혀 진화되어야 할 필요가 없이 충분한 지성과 능력을 가지고 있었던 것입니다. 타락 후에 가인이 성을 쌓은 이후부터 건축은 인류에게 있어서 매우 중요한 기술이 되었고, 집은 생활의 터전에서부터 과학기술의 발전 척도에 이르기까지 인류만이 가질 수 있는 특별한 문명이 되었습니다.

하나님께서 특별히 하나님의 형상대로 지으신 사람에게 지혜와 능력을 주셔서 멋지고 훌륭한 건축물을 짓게 하셨음을 통해 창조하신 그분께 감사해야 합니다. 또한 집의 기초가 중요하듯 우리의 모든 삶의 기초를 창조자이신 예수 그리스도로 정하는 것이 매우 중요하다는 사실을 깨달아야 합니다. 그래서 땅에 짓는 집보다 하늘에 있는 하나님께서 지어 주실 영원한 집을 소망하는 삶이 되어야 하겠습니다.

만일 땅에 있는 우리의 장막 집이 무너지면 하나님께서 지으신 집 곧 손으로 지은 것이 아니요 하늘에 있는 영원한 집이 우리에게 있는 줄 아느니라 (고린도후서 5:1)

가장 가치 있는 것

어떤 것이 귀한 것인가?

보이지 않는 무형의 가치 중에서는 가족이나 사랑, 우정 등이 귀하고 가치 있는 것이라 대답하는 사람들이 많습니다. 그리고 보이는 물질 중에서 찾으라면 아마도 많은 사람들이 돈이나 보석 등 값이 많이 나가는 물건을 말할 것이며, 또는 세상에서 하나밖에 없는 희귀한 예술품이나 골동품을 꼽는 사람들도 있을 것입니다. 그런데 조금 다른 시각에서 귀한 것을 생각해 보면 어떨까요?

 세상에서 한두 개밖에 없는 희귀한 것보다 오히려 우리가 살아가는 데 있어서 매우 중요하지만 너무 흔하기 때문에 가치 있고 귀한 것인 줄 잊은 채 살아가는 것들을 생각해 보려고 합니다. 바로 햇빛이나 공기, 물과 같은 것입니다.

간단히 예를 들어 보겠습니다. 해마다 김장철이 되면 집집마다 김치를 담그게 됩니다. 배추와 무를 비롯해서 여러 김장 재료를 구입하게 되지요. 그런데 사람들이 팔고 사는 배추나 무 등 채소의 값이 어떻게 매겨지는지를 생각해 보셨습니까? 여기에는 농사지은 분들의 수고비와 농사짓는 데에 들어간 비료나 설비 등의 비용과 판매에 필요한 유통비용, 판매상들의 이익 등 여러 종류의 비용들을 따져서 채소의 판매가격이 결정됩니다. 하지만 정작 배추나 무가 자라는 데 꼭 필요한 햇빛이나 비, 공기, 온도와 습도에 대해서는 아무런 비용도 포함되지 않았습니다.

그러니까 배추를 구입하면서 배추가 자라는 데 꼭 필요했던 햇빛이나 공기, 물에 대한 값을 한 번도 내지 않은 것입니다. 누구나 알고 있는 사실이지만 아무도 그에 대한 값을 치르지 않았던 것입니다.

맛있게 먹는 과일을 살 때도 마찬가지입니다. 과일을 풍성하고 맛있게 자라게 하는 데 가장 중요한 햇볕과 시원한 빗줄기, 땅 속의 영양분, 광합성을 하게 하는 공기에 대해서는 아무도 값을 매기거나 지불하지 않습니다.

이 말은 값을 지불하지 않은 모두가 도둑이었다는 얘기와도 같습니다. 맛있는 채소와 과일을 먹기 위해서 돈을 내기는 했지만 그 돈 안에는 아주 중요한 햇빛과 공기, 물에 대한 비용이 들어 있지 않았으니까 돈 안내고 물건을 가져온 도둑과도 같은 셈입니다.

사람들이 수돗물을 마시기 위해서 수도요금을 내지만 수도요금에는 수돗물을 만들기 위해 들어가는 설비와 약품, 인건비와 같은 부대비용들이 포함될 뿐입니다. 어디에서도 물 값이 포함되어 있지 않습니다. 가게에서 생수를 한병 사서 먹더라도 생숫값에 물 값은 전혀 포함되지 않습니다.

도둑이 안 되려면

도둑이 되지 않는 가장 좋은 방법은 값을 치르면 됩니다. 우리에게 맛있는 채소와 과일, 물을 주신 그분께 감사드리는 것이 값을 치르는 것입니다.

> 해로 낮을 주관하게 하신 이에게 감사하라 그 인자하심이 영원함이로다
> (시편 136:8)

우리가 값어치에 비해 전혀 값을 치르지 않는 또 한 가지가 있습니다. 바로 숨쉬는 공기입니다. 사실 우리가 너무 흔하다고 생각하는 공기는 우주적인 차원에서 본다면 정말로 귀한 것입니다. 매 순간 숨 쉴 수 있는 공기야말로 값어치를 따지기 어려울 정도

로 매우 귀한 것이죠. 지구 밖의 우주 공간은 공기가 없는 진공상태입니다. 진공상태에서는 공기의 압력이 없기 때문에 우리 몸속에서 밖으로 밀어내는 압력밖에 남지 않아서 1분도 채 살 수 없게 됩니다. 입과 코, 귀 등 신체의 구멍으로 수분이 빠져나가게 되면서 영하 100도 이하의 온도로 점점 얼어붙게 되고, 산소를 들이마시지 못하기 때문에 피를 통한 산소공급이 불가능해집니다. 결국 의식을 잃게 되고, 혈압은 낮아지면서 심장이 멈추어 죽게 되는 것입니다. 지구에 맘껏 들이마시는 공기가 있다는 것은 얼마나 크고 놀라운 가치인지 다시 한 번 생각해 보아야 합니다.

물도 마찬가지입니다. 많은 과학자들이 우주의 다른 별들 가운데서 물의 존재를 찾아보려고 애를 쓰고 있는 이유는 바로 물의 존재가 생명체에는 필수적이기 때문입니다. 지구상에 풍부하게 존재하고 있는 바다와 강, 지하수와 같은 물과, 시시때때로 내리는 비나 눈은 수천억 개 이상의 별들이 모인 우주 안에서 아직까지 지구에서만 볼 수 있는 매우 귀한 것들입니다. 공기나 물처럼 아주 흔하다고 생각하는 것들이 정말 귀한 것이라는 사실이 놀라울 뿐입니다.

가장 흔한 것 중 가장 가치 있는 것

아마 예수님을 믿는 사람들에게 있어서 가장 흔하게 보이면서도 가장 가치 있는 것은 바로 언제나 주님이 나를 사랑하시고 내 곁에 계시다는 사실일 것입니다. 우리가 주님이 계신 것을 잊어버리고 사는 순간에도 우리를 향하신 주님의 사랑은 한 번도 멈춘 적이 없습니다.

창조주 하나님께서는 지혜로 모든 자연만물을 지으시고, 특별히 인간을 사랑하셔서 엄청난 자연의 혜택을 누리도록 배려하셨습니다. 창조신앙은 가장 흔한 것이지만 매우 귀한 가치를 가진 것에 대해 기억하고 감사하는 것입니다.

여호와께서 너를 지켜 모든 환난을 면하게 하시며 또 네 영혼을 지키시리로다 여호와께서 너의 출입을 지금부터 영원까지 지키시리로다

(시편 121:7~8)

우연이 있을까?

우연일 수 없는 의도적인 도움들

우리 주변을 둘러싸고 있는 햇빛과 공기, 물과 같은 것들이 언제부터 어떻게 존재하게 되었을지 생각해 보신 적이 있습니까?

우렁각시 이야기를 들어 보셨습니까? 옛날부터 내려오는 전래동화 이야기죠. 아무도 모르게 누군가를 도와주는 사람을 말하기도 합니다. 그래서 어떤 일이든지 잘 되어가는 사람을 보면 "어디 우렁각시를 숨겨 놓았나?"라고 하기도 합니다. 그러니까 무엇인가가 우연히 잘되어 가는 것이 아니라 누군가의 의도적인 도움이 있었다는 것을 말합니다.

우리가 살고 있는 지구에는 이렇게 의도적으로 놀랄 만한 도움들이 가득 차 있다는 사실을 알고 계십니까?

지구를 둘러싸고 있는 대기권은 태양으로부터 비춰 들어오는 햇빛을 받아서 그 빛과 열을 품고 있습니다. 그리고 이런 열기가 지구 바깥으로 빠져나가지 못하도록 가두어 주는 역할을 하고 있습니다. 게다가 전 지구에 그 열기를 골고루 분산시켜 주어서 지구 표면 전체가 적당한 범위의 온도를 유지하도록 해 줍니다.

절묘하게 유지되고 있는 공기 비율

대기권 안에는 우리가 숨을 쉬는 공기가 들어 있습니다. 그런데 공기의 구성성분을 따져보면 산소가 21%, 질소가 78% 정도 포함되어 있습니다. 이 비율은 매우 특별한 비율입니다. 이런 성분의 대기권은 어떤 별에서도 찾아볼 수 없습니다. 우리 지구보다 조금 멀리서 태양을 돌고 있는 화성만 하더라도 대기 중에 탄산가스만 95% 정도가 들어 있습니다. 지구에만 아주 특별하게 질소와 산소가 각각 78%, 21%의 비율로 숨 쉬고 살 수 있는 공기를 만들어 주고 있는 것입니다. 그리고 그 비율이 아주 정확하게 지켜지고 있다는 사실입니다.

이렇게 공기의 구성 비율이 일정하게 유지되고 있는 것을 보면 꼭 누군가가 고도로 정밀하게 조절하고 있다는 것을 알 수 있습니다. 결코 우연일 수 없다는 것입니다. 지구 표면의 공기 중 산소의 농도를 1년 365일 내내 21% 정도로 유지하기 위해서는 엄청난 질서와 능력이 필요합니다. 왜냐하면 사람이나 동물들은 산소를 소비하고 있고, 나무와 풀들은 산소를 만들어 내고 있기 때문에 생산하는 쪽과 소비하는 쪽이 서로 조화를 이루어야 하기 때문입니다. 이렇게 전 지구적 범위에서 산소 소비량과 산소 생산량이 균형을 맞추어야만 공기 중에 산소 비율이 일정하게 유지되는 것입니다.

조화와 균형, 창조주

여기에다 동물과 식물 말고도 산소량의 변화에 크게 영향을 미치는 것이 있습니다. 바로 산과 들의 바위들과 암석들이 시간이 지나면서 풍화작용으로 깎이고 부서지는 과정에서 많은 산소들이 소비된다는 것입니다. 그렇다면 이렇게 복잡하게 얽혀 있는 산소량의 변화에 대해서 소비자와 생산자들 간에 어떻게 조화와 균형을 만들 수 있을까요? 사람들이 편하게 숨 쉬며 살아가게 되는 일은 결코 우연히 생겨날 수 있는 사건이 아닙니다. 바로 온 우주 만물을 붙들고 움직이시는 창조주 하나님의 능력과 은총인 것입니다.

대저 여호와께서 이같이 말씀하시되 하늘을 창조하신 이 그는 하나
님이시니 그가 땅을 지으시고 그것을 만드셨으며 그것을 견고하게
하시되 혼돈하게 창조하지 아니하시고 사람이 거주하게 그것을 지
으셨으니 나는 여호와라 나 외에 다른 이가 없느니라 (이사야 45:18)

우리 주변에서 우리가 알아채지 못하는 동안에도 절묘하게 균
형을 맞추고 있는 또 하나의 쉬운 예는 바로 쉽게 볼 수 있는 산과
강의 모습입니다. 물은 높은 곳에서 낮은 곳으로 흘러갑니다. 즉
높은 산에서 물이 흐르면서 강이 되는 것입니다. 그런데 이러한
높은 산과, 물이 흐르는 강은 서로 간에 균형을 만들고 있습니다.
높은 산에 오르면 깨끗한 물을 볼 수 있습니다. 그리고 높은 산에
서부터 시작한 물의 흐름은 강이 되고, 바다로 흘러가기까지 공기
중에 들어 있는 산소를 머금으면서 흘러갑니다. 그래서 물속에서
도 물고기들이 숨을 쉬면서 살 수 있는 것입니다.

그러는 동안에 강과 바다의 수분들 중 일부는 증발하여 구름이
되고, 하늘을 떠다니다가 높은 산을 만나 눈이나 비가 되어서 가
지고 있던 수분을 다시 땅으로 쏟아 냅니다. 이렇게 높은 산에 쏟
아져 내린 수분들이 겨울 동안에는 눈이나 얼음 등으로 보관되어
있다가 봄과 여름이 되면 조금씩 녹아내리면서 다시 여러 식물들
이 살아갈 수 있도록 적당한 물을 공급해 주게 됩니다.

우연은 하나도 없다

이렇게 산과 강, 바다와 구름, 눈과 비를 통해 공기와 물이 순환하는 모습은 4계절에 걸쳐서 놀라운 균형을 보여 주고 있습니다. 그저 놀랍다는 말로만 표현하기에는 부족할 만큼 어마어마한 균형 잡기가 쉴 새 없이 지속되고 있습니다. 바로 창조주 하나님께서 만들고 움직이시는 균형입니다.

그런데 인간의 잘못된 생각 때문에 자연을 함부로 파괴하다가 발생하고 있는 수많은 자연 재해를 보게 되면 창조주 하나님 앞에서 한없이 겸손해야 하는 우리의 모습을 생각하게 됩니다.

어떤 질서든지 만들어지고 유지되기 위해서는 크고 작은 비용이 발생하게 됩니다. 이는 질서라는 것이 공짜로 얻어지지 않는다는 말과도 같습니다. 일 년 열두 달, 때에 맞춰 기후와 온도가 정확하게 맞춰지는 절기들을 바라보면서 우리 주위에서 수많은 자연만물들을 적절하게 움직여 가시면서 균형과 질서를 맞추시고, 살 수 있는 환경을 조성해 주시는 그분을 기억하고 감사해야 할 것입니다.

우리가 흔히 말하는 자연(自然)이라는 단어는 '스스로 존재하거나 저절로 이루어지는 상태'를 뜻합니다. 하지만 우리가 살고 있는 세계는 우연히 저절로 된 것이 아닙니다. 아주 사소한 자연의 모습 하나하나에도 그렇게 존재하고 움직이도록 설계하신 창조주의 목적이 있다는 사실을 알아야 합니다. 그분이 만드시고 부여하신 목적을 기억하며 살아가야 할 것입니다.

누가 손바닥으로 바닷물을 헤아렸으며 뼘으로 하늘을 쟀으며 땅의 티끌을 되에 담아 보았으며 접시 저울로 산들을, 막대 저울로 언덕들을 달아 보았으랴 (이사야 40:12)

2
동식물이 보여 주는
창조의 증거들

동물과 식물들에게서 찾아볼 수 있는 신비한 창조주의 솜씨는 창조를 강하게 증거하고 있습니다. 아주 오래전에 우연히 생겨난 단세포 생명체에서 우연히 진화되어 온 존재가 아니라, 각자의 모습대로 주어진 환경 속에서 가장 최적의 모습으로 살아가도록 창조되었다는 사실을 보여 주고 있습니다. 심지어 동물과 식물들의 신기한 모양과 기능을 흉내 내어 첨단 기술을 만들어 내려는 과학자들의 모습은 그 자체로 창조주에 대한 경외함의 표현이라 하지 않을 수 없습니다. 태초에 말씀으로 모든 생물을 종류대로 창조하신 창조의 하나님을 만나 보시기 바랍니다.

여행하는 동물들

가장 멀리 여행하는 동물은?

여행하는 동물들은 종류가 많습니다. 우리가 잘 아는 것처럼 철새들은 여름이나 겨울을 나기 위해서 먼 거리를 이동합니다.

2008년도에 보도된 소식이 있었는데, '흑꼬리도요'라고 불리는 철새가 장거리 여행 기록을 새로 세웠다는 기사였습니다. 뉴질랜드의 한 대학교 연구팀이 철새의 여행을 연구하면서 암컷 흑꼬리도요의 몸에 위성 추적 장치를 달아 주어서 여행하는 경로와 시간, 속도 등을 연구한 결과를 발표했습니다. 이 새는 북아메리카 알래스카에서 남쪽 뉴질랜드까지 11,500km의 먼 거리를 쉬지 않고 날아갔다고 합니다. 그런데 더욱 놀라운 것은 이 새가 지구를 1/4바퀴 정도 도는 동안에 단 한 번도 쉬지 않고, 아무것도 먹거나 마시지도 않고 일주일 만에 비행했다는 것이죠.

또 한 가지 놀라운 사실이 밝혀졌는데, 이 새의 어린 새끼들 중 일부가 어미 새들이 알을 낳고 떠난 지 몇 주 후에 자기들끼리 알 래스카에서 뉴질랜드로 날아왔다는 것입니다.

생각해 보십시오. 태평양 상공에 조그만 몸집의 새들이 일주일 동안 계속해서 떠서 날아가고 있습니다. 먹지도 않고 마시지도 않은 채로 하루에 거의 1,500km를 쉬지 않고 날아가는 것입니다. 도대체 이 새들이 어떻게 이런 일을 할 수 있을까요? 이 새들의 놀라운 비행 능력이 창조주 하나님이 만드신 것이 아니라 우연히 목표나 계획도 없이 생겨났겠습니까?

그동안 많은 과학자들은 어떻게 이런 철새들이 정확한 방향을 찾아서 먼 곳까지 날아가는지에 대해서 연구해 왔지만 아직도 왜 그런지, 어떻게 가능한지를 명쾌하게 밝혀내지 못하고 있습니다.

칼새의 비행능력

'칼새'라고 불리는 새가 있습니다. 몸길이 20cm 정도의 작은 칼새는 여름 철새입니다. 그런데 이 새들은 날아가면서 잠을 잔다는 것이 밝혀졌습니다. 게다가 칼새들은 날아갈 때에 날개 모양을 바꿀 수 있다는 사실도 밝혀졌습니다. 무슨 말이냐 하면 높은 하늘에서 날고 있을 때와 빠르게 회전하거나 방향을 바꿀 때의 날개 모양이 달라진다는 것입니다. 이렇게 칼새는 지속적으로 날개 모양을 바꿔가며 3~4배의 비행 효율을 얻는다는 것이 밝혀졌습니다. 유럽에 사는 칼새는 매년 남아프리카로 이동했다가 돌아오는데, 평생 동안 지구 둘레를 100번이나 돌 수 있는 거리인 450만km를 비행합니다.

그렇다면 도대체 칼새는 언제부터 날면서 자는 것을 배웠을까요? 누구한테서 날개 모양을 바꾸는 법을 배워서 효율적으로 날아가기 시작했을까요? 왜 땅에 내려앉지도 않은 채로 대부분의 시간을 공중에서 보내게 되었을까요?

칼새는 하나님께서 만드셨던 때부터 그냥 칼새였습니다. 원래 그렇게 살 수 있도록 창조하신 분이 그렇게 만드셨던 것입니다.

수천 km를 여행하는 능력이 우연히 생겨날 수 있을까?

이런 철새들이 먼 거리를 여행할 수 있는 사실에 대해서 과학자들은 어떻게 연구하고 설명하고 있을까요?

땅에서 살아가는 우리 사람들도 길을 잘 찾지 못하는 경우가 많습니다. 요즘에는 거의 모든 사람들이 운전할 때에 휴대폰이나 전자 장비를 통해서 길을 찾습니다. 그런데 철새들은 땅이 아니라 높은 하늘에서 길을 잃지 않고 찾아간다는 사실이 참으로 놀랍습니다.

그동안 많은 과학자들이 이 비밀을 풀기 위해서 연구를 해 왔습니다. 하지만 어떤 연구결과도 정확한 답변을 하고 있지 못하다는 것을 볼 때에 창조하신 분의 능력이 놀랍다고 할 수밖에 없습니다.

지금까지 알려진 바에 따르면 여행하는 새들의 몸 속에 어떤 나침반 역할을 하는 기관이 있어서 이를 통해서 여행 경로를 찾아내는 것으로 파악하고 있습니다. 그리고 아침저녁으로 태양의 위치를 분간해서 정확한 경로를 결정하고 있는 것 같다고 결론을 내리고 있습니다.

생각해 보세요. 새들이 먼 거리를 이동하는 동안 태양이 지는 시간은 날짜나 계절, 그리고 지구상의 현재 위치가 어디냐에 따라서 바뀌게 됩니다. 수천 km의 먼 거리를 정확하게 밤낮으로 여행하면서 태양이나 지구 자기장과 같은 자연적 신호를 사용하고, 필요에 따라 적절히 적응하기도 하는 믿기 어려운 능력을 가진 작은 새가 정말 놀랍지 않습니까?

또 다른 여행하는 동물들

철새들 말고도 여행하는 동물들이 있다는 사실을 아십니까? 여러 동물들이 먼 거리를 여행하고 있다는 것이 알려져 있습니다. 먼저 제왕나비는 대륙 간을 이동하는 유일한 곤충으로 알려져 있습니다. 북아메리카의 캐나다 로키 산맥 동쪽에 근거지를 두고 있는 제왕나비들은 캐나다에서부터 멕시코까지 약 5천km 정도를 여행하는 것으로 알려져 있습니다.

바다거북 역시 먼 거리를 여행하는 동물 중 하나입니다. 브라질에 사는 녹색거북들은 알을 낳기 위해 엄청난 거리를 항해합니다. 이들의 항해경로를 조사해 보니 남아메리카 브라질의 동해안을 출발하여 대서양의 섬까지 장장 4,500km를 정확하게 항해한다는 사실을 알게 되었습니다. 그곳에서 알을 낳아 묻어두고 다시 브라질 동해안으로 돌아옵니다. 그런데 정말 놀라운 사실은 1주일 정도가 지난 다음에 이들이 낳은 알에서 새끼 거북이가 나오게 되는데 이 새끼 거북이들은 태어나자마자 바다로 향해 기어가서 바다로 뛰어들어 4,500km를 헤엄쳐서 자기들의 부모가 살고 있는 브라질 해안으로 돌아온다는 것입니다.

누가 바다거북의 머릿속에 나침반을 넣어 두었을까요? 누가 바다거북이 그들의 고향을 떠나 수천 km를 여행하도록 설계했을까요? 누가 어린 새끼 거북이들에게 밀물이 되면 알에서 깨어나서 바다로 기어가 어미 집까지 항해하라고 가르쳐 주었을까요?

하늘이 하나님의 영광을 선포하고 궁창이 그의 손으로 하신 일을 나타내는도다

(시편 19:1)

놀라운 능력을 지닌 동물들

나침반을 가진 동물들

세상에서 가장 작은 나침반을 가진 미생물이 있습니다. 보잘것없게 여기는 박테리아도 방향을 감지할 수 있다는 사실이 밝혀졌습니다. 자연의 향기를 좋아하는 사람들이 매우 좋아하는 냄새 중의 하나가 바로 흙냄새입니다. 미국의 한 대학원생이 늪지의 진흙에서 박테리아를 수집하는 일을 하다가 재미있는 현상을 발견했습니다. 어떤 종류의 박테리아들이 언제나 물속에서 북쪽으로만 모이더라는 것입니다. 어떻게 1mm의 1/2,000 정도밖에 안 되는 작은 미생물들이 어느 쪽이 북쪽인지를 알 수 있느냐는 것이죠.

그래서 막대자석을 현미경에 갖다 대니까 이번에는 박테리아들이 방향을 바꾸어서 막대자석의 N극, 즉 자석으로 치면 북극 쪽으로 모이는 것을 확인하였습니다. 이때부터 박테리아들뿐만이 아니라, 일부 해조류, 곤충, 달팽이, 비둘기 등의 동물들이 매우 정교한 나침반을 가지고 있다는 것을 연구하게 되었습니다.

요즘 인터넷을 통해 전 세계의 모습을 실시간으로 볼 수 있죠. 어떤 연구원들이 인터넷으로 전 세계에 흩어진 308개 목장에 있는 8,510마리의 소들을 조사하였는데, 재미있게도 소들이 뭘 하든지 남북 방향으로 정렬하는 경향이 있다는 것을 관측하였습니다. 자기장 감지능력이 있는 것입니다.

진화론자들은 생물체들이 무작위적인 우연한 과정들을 통해 저절로 발생되었다는 믿음을 더 좋아하고 있습니다. 그래서 그들은 생물체들이 설계된 것이 아니라 환경에 적응하게 된 것이라고 말합니다. 그러나 이렇게 고도로 설계된 기능을 가진 생물체들이 있다는 사실은 전능하신 창조주가 계시다는 것을 보여 줍니다.

아무리 작은 것이라도, 각 생물체들은 자연에서 그리고 그들이 살아가는 환경 속에서 그들의 역할을 잘 수행할 수 있도록 재능과 선물들을 부여받았습니다. 바로 이들을 창조하신 창조주 하나님의 솜씨입니다.

숫자를 세는 동물들

개미들이 행진할 때 자기들의 발걸음을 세면서 행진한다는 이야기를 들어 보셨습니까? 어떤 종류의 사막 개미들은 먹이를 찾아 나설 때 하늘을 보고 집 방향을 찾지만 주변에 뚜렷한 지형지물이 없을 때도 직선거리로 돌아오는 것으로 밝혀져 학자들의 궁금증을 불러일으켜 왔습니다. 처음에 과학자들은 개미도 꿀벌처럼 주위의 사물들을 기억해서 길을 찾아오는 것이라고 추측했습니다. 그런데 실험 결과 개미들은 어둠 속에서도, 심지어 눈을 가린 상태에서도 방향을 제대로 찾는 것으로 밝혀졌습니다.

학자들은 개미의 능력을 실험하기 위해서 일부 개미들의 다리에 도구를 연결해서 다리 길이를 늘려 보폭을 크게 바꿔 주고 다른 개미들에게는 앞다리를 잘라 보폭을 작게 줄여 보았습니다. 그래서 개미들이 거리를 재면서 걸어가는 것인지, 아니면 발걸음 수를 세면서 걸어가는지를 알아보니까 발걸음 수를 지키더라는 것입니다. 같은 발걸음 숫자만큼 이동하니까 다리가 길어진 개미들은 목표물을 지나치게 되었고, 반면에 다리가 짧아진 개미들은 목표물에 미치지 못하는 것이 확인된 것입니다. 더 재미있는 것은 두 부류의 개미들 모두 새롭게 변화한 다리 길이에 적응한 다음에는 점점 정확한 목표물을 맞추는 것이 확인되었습니다.

숫자 세는 새 이야기도 있습니다. 뻐꾸기는 알을 품고 새끼를 기르고 먹이는 일을 싫어해서 다른 새의 둥지에 알을 낳고 도망가 버리는 새입니다. 뻐꾸기는 산란기에 20여 개 정도의 알을 낳습니다. 보통 이틀에 하나씩 알을 낳는다고 하는데, 알을 낳기 전에 주위에 있는 다른 새들의 둥지를 잘 관찰합니다. 그래서 주위의 다른 어미 새가 먹이를 구하러 잠시 둥지를 비울 때에 몰래 그 둥지에 가서 알을 낳는 것입니다. 이때 그냥 알을 낳는 것이 아니라 반드시 이미 다른 새가 낳은 알 중에서 하나를 둥지 바깥으로 밀어내 버립니다. 그러니까 그 둥지의 주인 새가 다시 돌아왔을 때에 알의 개수가 늘어났다고 여기지 않게끔 미리 조치를 취하는 것입니다.

딱따구리 이야기

송곳으로 나무를 찍으면서 구멍을 뚫을 때 팔에 큰 충격이 전해집니다. 딱따구리의 부리는 돌에 구멍을 뚫는 데 쓰는 작은 송곳과 비슷합니다. 그렇다면 딱따구리는 어떻게 그 작은 부리로 1분에 수백 번이나 나무를 쪼아 대면서도 부리가 부러지거나 뇌가 부서지지 않을까요? 게다가 나무에 구멍을 뚫은 후 어떻게 나무 안에 있는 벌레들을 끄집어낼 수 있을까요?

먼저 딱따구리의 부리는 강하고 날카로워야 합니다. 딱따구리가 구멍을 뚫기 위해 매우 빠르게 머리를 나무에 부딪칠 때 두개

골 안의 뇌가 파열되지 않도록 머리 속에 충격흡수장치가 있어서 충격을 흡수, 두개골과 뇌의 손상을 방지하고 있습니다. 딱따구리가 나무를 쪼는 속도는 1초에 15번 정도로 총알의 2배 정도의 빠르기입니다. 정말 대단하지 않습니까?

그리고 구멍을 뚫고 있는 나무에 자기 몸을 견고하게 지탱할 수 있어야 합니다. 딱따구리는 나무에 앉아서 구멍을 뚫지 않고 나무에 붙어서 구멍을 뚫습니다. 그렇기 때문에 자기 몸을 지탱하는 데 사용하는 딱딱한 꼬리깃털과 날카로운 발톱을 가진 네 발가락으로 된 다리를 가지고 있습니다.

딱따구리의 특징 중 가장 놀라운 것은 혀입니다. 딱따구리는 혀를 사용하여 나무 속 깊은 곳에 있는 곤충이나 애벌레를 잡아먹기 때문에 혀가 매우 길어야 합니다. 또한 곤충이나 애벌레를 잡아먹을 수 있도록 딱따구리의 혀에서는 끈적끈적한 물질을 분비합니다. 문제는 딱따구리가 그렇게 긴 혀를 어떻게 다루는가입니다. 대부분 새들의 혀는 부리 뒤에 박혀 있지만 딱따구리의 혀는 너무 길어 오른쪽 코로부터 혀가 나와 두 가닥으로 갈라지며 두개골의 양옆을 돌아서 부리 밑의 구멍을 통과해 부리로 들어오게 되어 있습니다. 그렇기 때문에 딱따구리는 그 긴 혀를 사용하고 있지 않을 때 그것을 말아서 오른쪽 코에 넣어 두고 있습니다.

진화론에서는 공룡 시대가 끝이 나면서 파충류 중에 일부가 조류로 변하여 새가 된 것이라고 말하지만 새는 종류에 따라 매우 다양한 모습에 각각 다른 기능들을 가지고 있어서 진화론으로 설명하는 것이 매우 어렵습니다. 특히 딱따구리를 보면 모든 기능과 신체 기관이 완전히 진화되어 구비되기 전까지는 딱따구리로 살수 없었을 것입니다. 즉, 딱따구리의 신비한 모습은 딱따구리가 진화되어 생겨난 게 아니라 창조되었다고 말해 줍니다.

성경에서는 이렇게 각자의 모습으로 각자의 환경에서 잘 살아가도록 만들어진 모습을 다음과 같이 말씀하고 있습니다.

> 하나님이 큰 바다 짐승들과 물에서 번성하여 움직이는 모든 생물을 그 종류대로, 날개 있는 모든 새를 그 종류대로 창조하시니 하나님이 보시기에 좋았더라
>
> (창세기 1:21)

사막의 놀라운 피조물 낙타

낙타는 건조한 사막지역에서 중요한 운송수단으로 이용되고 있습니다. 다른 많은 동물들은 살기조차도 힘든 사막에서 낙타는 어떻게 무거운 짐을 운반하며 생존할 수가 있을까요?

낙타는 사막의 심한 모래바람으로부터 눈을 보호하기 위하여 눈썹이 길고, 눈두덩이 두껍습니다. 코에는 예민한 근육이 있어 모래가 들어오지 못하도록 하고, 두꺼운 가죽과 털이 뜨거운 낮의 태양과 추운 밤으로부터 보호해줍니다. 넓은 발굽은 뜨거운 모래

위를 걷기에 아주 적합합니다.

낙타의 등에 있는 큰 혹처럼 생긴 육봉에는 무엇이 들어 있을까요? 이곳에는 물이 저장된 것이 아니고, 어마어마한 양의 지방이 저장되어 있습니다. 오랜 시간동안 음식을 섭취하지 못할 때 이곳의 지방을 분해해서 에너지로 사용하게 되는 것입니다.

무엇보다도 낙타는 물을 마시지 않고도 오랜 시간을 버틸 수 있습니다. 여기에는 세 가지의 특이한 비결이 있음이 알려졌습니다.

첫째, 낙타는 소변 속의 요소 농도를 높여서 몸 밖으로 배출하는 물의 양을 최소화합니다.

둘째, 낙타는 다른 동물에 비해 체온의 범위가 넓습니다. 사람의 경우는 섭씨 37도 정도를 항상 유지해야 하기 때문에 조금만 체온이 올라도 바로 땀이 나면서 몸을 식혀 줍니다. 그러나 낙타는 밤에 기온이 낮을 때는 34도 정도를 유지하다가 낮에 더워지면 체온이 따라서 올라가 41도까지 변하게 됩니다. 그래서 더운 사막에서 어느 정도까지 체온이 오르더라도 땀으로 식혀 줄 필요가 없기 때문에 다른 동물에 비해 물의 소모가 훨씬 적습니다.

셋째, 다른 동물들은 물을 섭취하지 않으면 혈액이 진해져서 죽게 되지만, 낙타는 수분이 부족해 혈액이 진해지더라도 주위에 있는 조직으로부터 물을 흡수해 보충합니다. 게다가 물을 마실 수 있을 때에는 10분 만에 95리터의 물을 마실 수 있어서 몸 속의 수분을 보충하게 됩니다.

농사짓는 파라솔 개미

개미와 베짱이 이야기를 기억하실 것입니다. 열심히 먹을 것을 준비하는 개미의 모습을 이야기로 만든 것이지요. 그런데 농사짓는 개미가 있다는 것을 아십니까?

어떤 개미들은 추수를 하기 위해 농사를 짓는 것으로 알려져 있습니다. 어떤 흰개미 종류는 나무를 갉아 만든 톱밥을 깔고 그 위에 버섯을 길러 추수한 후 창고에 보관하여 식량으로 삼는 것으로 알려져 있습니다. 남아메리카에 사는 파라솔 개미 역시 버섯농사를 짓는 개미로 유명합니다. 이 개미들은 농사를 짓기 위해 나뭇잎을 잘라 입에 물고 일렬로 운반해 오는 모습이 마치 양산을 쓰고 이동하는 것처럼 보여 파라솔 개미라는 이름이 붙여졌습니다. 이 개미들은 운반해 온 나뭇잎을 씹어 흙 위에 깔고 그 위에 맛있고 향기 나는 버섯포자를 심어 재배합니다. 그리고 이 버섯을 새끼들에게 먹여 돌보기도 합니다. 만일 여왕개미가 다른 곳으로 날아가 새 집을 꾸릴 경우 반드시 이 개미들은 가지고 있던 버섯포자를 함께 가지고 가서 버섯농사를 계속 짓는다고 합니다. 도대체 이 개미들은 어디에서 농사짓는 법을 배웠을까요?

진화론에서는 사람이 유인원으로부터 진화되어 오면서 수백만 년 동안 사냥이나 채집만을 통해 연명하다가 몇 만 년 전에 농사 짓는 방법을 알게 되면서 비약적으로 문명이 발달한 것으로 설명하고 있습니다. 하지만 개미들이 농사짓는 것은 진화론에서는 어떻게 설명할 수 있을까요?

초정밀 초음파 기계를 가진 박쥐

박쥐는 사람의 귀로는 들을 수 없는 초음파를 인식할 수 있는 동물입니다. 그런데 과학자들의 연구에 의하면, 박쥐가 자신이 만들어 낸 초음파를 단순히 듣는 것이 아니고, 두뇌에서 3차원으로 입체 화면을 구성하여 주변의 물체들을 입체적으로 정확하게 볼 수 있다는 사실이 밝혀졌습니다. 다시 말해서 박쥐는 '3차원 초음파 영상 탐지기'를 머릿속에 달고 사는 동물입니다. 병원에서 사용하는 최첨단과학기술로 만든 초음파 영상 탐지기로 여러 종류의 의료 진료와 진단에 사용하고 있는데 박쥐는 태어나면서부터 놀라운 최첨단 장비를 갖추고 있다는 것입니다.

박쥐는 초음파를 발사해서 주변 물체에 부딪쳐 반사되어 돌아오는 초음파 신호를 인식합니다. 그래서 주변 물체가 얼마나 멀리 떨어져 있고, 그 모양이 어떠한지를 알아내는 것입니다. 박쥐들이 나방 같은 먹잇감을 찾을 때에도 초음파 신호를 사용합니다. 그런데 상상해 보십시오. 어두운 동굴 속에 수천 마리의 박쥐들이 각각 자신의 초음파 신호를 구별하면서 서로 부딪히지 않고 날아다니는 모습은 신비 그 자체입니다. 과학자들은 수천 마리의 박쥐들이 수많은 초음파 신호 속에서 자신이 낸 신호를 구분한다는 사실을 확인했지만 어떻게 그렇게 하는지는 아직까지 규명하지 못했습니다.

재미있게도 조그만 크기의 나방들에게도 초음파를 감지할 수 있는 능력이 있습니다. 야행성 나방들은 박쥐가 발사하는 초음파를 감지해서 날아오는 박쥐를 피해 도망친다는 것이 밝혀졌습니다. 나방이 사람의 귀로는 들을 수 없는 박쥐의 초음파를 30m 떨어진 거리에서도 들을 수 있고, 이런 기능을 수행하는 데에 단지 4개의 세포만으로 가능하다는 것이 밝혀졌습니다.

> 여호와여 주께서 하신 일이 어찌 그리 많은지요 주께서 지혜로 그들을 다 지으셨으니 주께서 지으신 것들이 땅에 가득하니이다 거기에는 크고 넓은 바다가 있고 그 속에는 생물 곧 크고 작은 동물들이 무수하니이다
>
> (시편 104:24)

놀라운 시력을 가진 사마귀새우

크기가 작은 동물일수록 별로 사람들의 관심을 받지 못하는 경우가 많습니다. 하지만 아무리 작거나 하찮게 취급받는 동물이라고 해도 하나님께서는 그 동물이 살아가는 환경에서 가장 적합하게 살 수 있는 능력을 부여하셨다는 것을 알 수 있습니다.

깊은 바닷 속 산호초 사이에서 살고 있는 사마귀새우라고 불리는 동물이 있습니다. 이 사마귀새우가 과학자들을 놀라게 만들고 있습니다.

우선 사마귀새우의 다리는 곤봉처럼 휘둘러서 무언가를 깨뜨리는 데 사용할 수 있는데 그 위력이 수족관의 유리를 깰 만큼 대단합니다. 자연 속에 존재하는 동물들 중에 가장 강한 타격무기를 가진 동물로 꼽힙니다.

그런데 최근에 과학자들을 놀라게 만든 것은 사마귀새우의 툭 튀어나온 눈입니다. 지금까지 알려진 어떤 동물보다도 뛰어난 시각 능력을 가진 것입니다.

시각을 가진 생물들은 빛을 감지하는 광수용체 역할을 하는 단백질을 가지고 있는데 사람에게는 3종류의 광수용체가 있습니다. 이렇게 서로 다른 종류의 광수용체를 통해 빛의 파장이나 세기, 방향, 주기 등을 인지하는 것입니다. 그런데 사마귀새우에게는 광수용체가 최소한 16종류가 있다는 것이 밝혀지면서 다른 동물들이 인식하지 못하는 다양한 종류의 빛을 인식할 수 있는 능력을 가지고 있었습니다. 예를 들어 사람이 육안으로 볼 수 없는 자외선을 여러 단계별로 볼 수 있기도 합니다.

진화론에서는 바닷속에 사는 생물들이 육상의 생물들에 비해 하등한 것으로 이해하고 있습니다. 하지만 바닷속 조그만 사마귀새우에게서 발견되는 고도의 시각체계를 보며 어떻게 동작하는

지조차 전부 이해할 수 없는 과학자들의 모습을 보며 오히려 창조주의 위대하심을 느끼게 할 뿐입니다.

시력이 뛰어난 수영선수 해파리

해파리는 무척추해양동물로 발달된 뇌가 없이 매우 하등한 생물이라고 설명합니다. 바다 속에 사는 해파리 종류 중에서 상자해파리라고 부르는 동물이 있습니다. 이 상자해파리의 눈은 모두 24개입니다. 4가지 다른 유형으로 구분되는 24개의 눈 중에서 8개의 눈은 척추동물의 눈을 닮았다는 것이 최근에 밝혀졌습니다. 지름이 0.1mm 정도밖에 안되는 조그마한 눈 안에 정교한 렌즈, 망막, 홍채, 각막 등을 모두 가지고 있다는 것입니다.

아직까지 상자해파리의 눈이 어떻게 동작하는지를 모두 알아내지는 못했지만, 빛과 그림자에 반응하고, 장애물들을 피해 나가기에는 충분한 시각을 갖고 있다는 것은 알게 되었습니다. 물컹물컹한 몸으로 물 속을 떠다니면서 대충 살아가는 게 아니라 뛰어난 시각으로 먹이를 찾아다니면서 활발하게 움직이는 동물이었던 것입니다.

그동안 진화론적 관점에서 하등한 생물로만 알려진 해파리가 물밖의 사물을 보면서 좋은 서식지를 찾을 수 있을 정도의 뛰어난 시각능력을 가지고 있다는 것은 진화론 과학자에게 던지는 수수께끼라고 볼 수 있습니다. 이런 상자해파리를 연구한 과학자들은 놀라움을 금치 못한다면서도 상자해파리를 창조하신 창조주에 대한 생각은 전혀 하지 않는 것처럼 보입니다.

해파리는 파도 사이를 아무 목적 없이 떠다니는 것처럼 보여서 매우 게을러 보이지만, 실제로는 고도의 효율성을 보여 준다는 것이 밝혀졌습니다. 그래서 미국 해군에서는 해파리의 효율적인 수영 방법을 배우려고 한답니다. 해파리는 같은 거리를 여행하는 데에 있어서, 수영할 수 있는 다른 생물들보다 몸무게 대비 훨씬 적은 에너지를 사용합니다. 해파리의 효율적인 에너지 절약 기술은 바다를 항해하는 기계, 예를 들어 부표나 잠수정을 설계할 때 유용하게 사용될 수 있을 것으로 기대하기도 합니다. 이런 해파리의 수영실력이 우연히 저절로 생겨났을까요? 처음부터 바닷속에서 살도록 창조된 해파리는 창조하신 분의 목적에 따라 세밀하게 필요한 능력을 부여받아 창조된 것입니다.

알고 보면 신비한 곤충들

소금쟁이라는 곤충을 아십니까? 가느다란 다리로 물 위에 떠서 얼음 위를 미끄러지듯이 걸어다니는 모습이 신기하지 않습니까? 최근에 과학자들의 연구를 통해 소금쟁이가 우아하게 물 표면을 가로지르는 기술의 원인이 작은 다리털에 들어 있는 특별한 설계에 있었다는 것이 발견되었습니다.

소금쟁이의 다리에는 '강모'라고 불리는 다리털이 나 있는데, 이 털의 길이와 털 사이의 간격, 그리고 털이 나 있는 각도가 매우 특별하게 맞춰져 있기 때문에 물에서 가라앉지 않는 것이었습니다. 만일 털 사이의 간격이 너무 멀면 물에 가라앉게 되고, 너무 가까우면 물 위에서 이동할 수 없게 됩니다. 뿐만 아니라, 털의 길이와 각도 역시 물 위를 걷기에 기하학적으로 최적화되어 있다는 것입니다. 기막힐 정도로 딱 맞는 설계가 아닐 수 없습니다.

거미가 만들어 내는 거미줄이 먹잇감을 잡는 데에 정전기를 사용한다는 것이 발견되었습니다. 거미줄의 표면 안에 전기적 특성이 있어서 주위의 자기장을 변경시켜 근처의 먹잇감들이 작은 자석처럼 달라붙게 만든다는 것입니다. 곤충 같은 먹이 외에도 꽃가루도 끌어당기고 있었고 공기 중 오염물질도 끌어당기고 있었습니다. 거미는 어디에서 이런 거미줄을 만들어 내는 능력이 생긴 것일까요?

메뚜기하고 비슷한 여치라는 곤충이 있습니다. 최근에 여치의 귀를 연구한 과학자들이 놀라운 구조를 발견했습니다. 여치 귀 속의 청각 기관이 사람 귀와 비슷하다는 것입니다. 사람의 귀 속에는 우리 몸에서 가장 작은 뼈인 세 개의 이소골이 있어서 소리를 듣게 하는 중요한 역할을 합니다. 그런데 남아메리카에 사는 여치는 0.6mm 길이의 귀를 가지고 있는데, 이 귀 속에 사람의 이소골과 같은 원리의 구조가 있다는 것입니다. 그것도 사람의 청각계보다 훨씬 작으면서도 간단하고 견고한 매우 효율적인 모습이었습니다. 창조의 신비가 아닐 수 없습니다.

> 너희는 눈을 높이 들어 누가 이 모든 것을 창조하였나 보라 주께서
> 는 수효대로 만상을 이끌어 내시고 그들의 모든 이름을 부르시나니
> 그의 권세가 크고 그의 능력이 강하므로 하나도 빠짐이 없느니라
>
> (이사야 40:26)

식물에게서 찾아보는
창조의 증거들

식물의 굴성

식물이 빛을 향한다는 것은 상식처럼 알고 계실 것입니다. 식물이 빛이나 물을 향하여 '끌린다'는 성질을 가리켜서 굴성, 또는 향성이라고 합니다. 식물이 이런 굴성을 갖는 것은 자기들의 생존에 가장 필수적인 것을 향하여 이동하는 방법을 가지고 있다는 것입니다. 이를테면 식물의 잎이 빛으로부터 가장 좋은 것을 얻기 위해서는 뭉툭하게 자라는 것보다는 납작하게 자라는 것이 최대한 빛을 받는 면적을 크게 해 줍니다. 이렇게 식물의 잎이 납작하게 자라게 되려면 잎의 가운데 부분보다 가장자리 부분이 더 빨리 자라야만 합니다. 이렇게 잎이 커지는 매 순간마다 복잡한 조정 과정이 일어나는 것입니다.

식물이 빛을 향하려는 굴성의 목적은 빛을 통해 에너지를 만들어 내는 광합성을 하기 위해서입니다. 광합성은 매우 복잡하고 신비한 과정이지만 이 때문에 우리가 숨 쉬고 음식을 섭취할 수 있게 해 주는 고마운 일입니다. 이 모든 것들이 우리가 살고 있는 세상을 위한 지혜로우신 하나님의 설계의 모습입니다.

씨앗의 신비

식물의 씨앗이 자라는 것을 보면 신기하지 않습니까? 조그마한 씨앗을 보게 되면 창조주 하나님의 작품이라는 것이 분명히 드러납니다. 지금까지 수많은 사람들이 씨앗을 연구하고, 씨앗이 싹이 나서 성장하는 과정을 연구해 왔지만 어떻게 되는지를 잘 모릅니다. 더군다나 씨앗 하나가 자라나는 동안에 하게 되는 일 중 어느 것 하나라도 인간의 힘으로 만들 수 없습니다.

수십 년 동안, 최고의 학자들이 태양 빛에서 연료를 만들어 내려고 애쓰고 있지만 식물이 광합성을 통해 태양 빛을 에너지로 전환하는 수준을 흉내조차 내지 못하고 있습니다. 콩을 심으면 콩이 나는 것은 알지만 어떻게 콩이 자라는지를 알지 못하고, 그 과정 속에 들어 있는 오묘하고 복잡한 질서와 법칙을 보면서도 식물이 우연히 저절로 생겨났다고 할 수 있을까요?

엘위치아를 아세요?

19세기 중반에 뜨겁고 건조한 사막에서 이상한 식물이 발견되었습니다. 두 개의 넓은 잎이 달린 우묵한 줄기로 구성되어 있었고, 잎들은 아래로 구부러져 땅을 따라 낮게 깔리면서 잘게 나눠져 있어서, 마치 곱슬곱슬한 리본 덩어리처럼 보였습니다. 웰위치아라는 이름의 식물인데 비슷한 다른 식물이 전혀 없었고, 암수 식물이 따로 존재하는데다 생장 형태는 기묘한 식물입니다. 사막의 초건조 지역에만 자생하는 이 식물은 물을 흡수 저장하는 놀라운 능력을 가지고 있어서 땅 속 깊은 곳의 수분을 끌어오기도 하고, 밤에 낀 안개를 잎 속에 충분히 머금을 수 있어서 사막의 다른 동물들을 돕기도 합니다. 웰위치아는 생물체에게 생명을 유지하도록 식물을 창조하신 창조주의 솜씨를 보여줍니다.

투석기계 풀산딸나무

꽃가루를 폭발시키는 나무도 있습니다. 풀산딸나무라는 것이 있는데 4월말에서 6월에 꽃이 피는 나무입니다. 이 나무의 꽃이 필 때에 꽃가루를 터트리게 되는데, 초고속 카메라로 촬영하여 확인해 보니 공중으로 0.4밀리초(=0.0004초)의 속도로 꽃가루를 발사한다는 것이 드러났습니다.

마치 우리가 돌을 6층 건물의 꼭대기까지 던져 올리는 것과도 같은 일입니다. 중세의 전쟁 시에 적군의 성을 공격하기 위해 돌덩이를 날릴 때에 사용하는 지렛대 달린 투석기 같은 것을 생각하면 됩니다. 풀산딸나무가 꽃가루를 날리는 소형 투석기를 가지고 있는 것입니다. 투석기가 지능을 가진 사람에 의해서 설계된 것임에 분명하다면, 풀산딸나무의 꽃 역시 누군가에 의한 설계일 가능성이 높지 않을까요?

똑똑한 식물

식물들이 똑똑하다는 이야기를 들어 보셨습니까? 왜 식물은 뙤약볕에서도 화상을 입지 않을까요?

사람들이 자외선을 피하기 위해 자외선 차단제를 사용하는 것처럼 어떤 식물들은 특별한 분자들을 만들어 잎 속으로 깊게 관통하는 자외선을 차단하더라는 사실이 밝혀졌습니다.

또 다른 식물은 햇빛과 그늘 사이의 빛의 강도에 따라 광합성에 관련된 반응을 변화시켜 주는 속도가 매우 **빠르다**는 것이 발견되었습니다. 즉 하루에도 여러 번 햇빛이 날 때와 그늘이 질 때마다 그에 맞도록 광합성 관련 방식을 즉시 바꿀 수 있는 스위치가 있다는 것입니다.

식물이 사람을 편안하게 만들어 준다는 것도 밝혀졌습니다. 나무와 숲의 색깔인 녹색이 사람의 마음을 편안하게 해 준다는 이야기는 이제 상식이 되었습니다. 빛의 무지갯빛 가시광선의 중간 파장부분이 초록색인데 사람의 눈이 가장 밝게 느끼는 색이 바로 녹색입니다.

병원 수술실에서 의료진이 입는 수술복이 녹색이기도 합니다. 수술실에서 자주 볼 수 있는 사람의 붉은 피 색깔은 의료진들을 매우 힘들게 만드는 색인데, 빨간색의 보색인 청록색으로 수술복을 입게 되면 그 영향력을 줄여주는 데 큰 도움이 된다는 것입니다.

최근의 한 연구결과에서 참석자들에게 입체 동영상을 통해 주변 숲을 바라보게 하면서 스트레스의 수준을 측정한 결과, 숲을 차지하는 나무의 비율이 증가할수록 참가자들이 편안함을 느꼈다고 합니다.

식물과 창조주

나무를 바라봄으로써 오는 기쁨과 평온함은 창조 3일째 풀과 나무와 숲을 창조하시고 하나님이 보시기에 좋았다고 하신 말씀을 기억하게 합니다.

식물은 사람과 동물에게 숨 쉴 수 있는 공기와 먹거리를 공급하는 매우 귀중한 피조물입니다. 특별히 사람에게는 의복과 주거의 재료가 되기도 하고, 치료하는 약의 재료가 되기도 합니다. 그리고 녹색의 숲을 바라보면서 마음의 위로와 평온을 가져다 주는 고마운 존재입니다.

시편 1편의 복 있는 사람을 비유하며 시냇가에 심은 나무와 같다고 하신 말씀을 통해 식물을 창조하신 하나님의 능력과 은혜를 기억해 보면 좋겠습니다.

그는 시냇가에 심은 나무가 철을 따라 열매를 맺으며 그 잎사귀가 마르지 아니함 같으니 그가 하는 모든 일이 다 형통하리로다 (시편 1:3)

창조 솜씨를 흉내 내라!

생체모방공학이란?

생체모방공학이란, 생물체가 가지고 있는 구조나 기능을 모방하여 사람들의 생활에 유용한 것을 개발하는 첨단과학 분야를 말합니다. 간단히 말하면 생물체 속에 들어 있는 창조주의 솜씨를 흉내 내려는 학문입니다.

예를 들어 연못 위의 연잎을 모방해서 물만 뿌리면 깨끗해지는 타일을 만드는 것, 거미줄을 모방해서 강철보다 열 배나 강하면서 부드러운 실을 만드는 것, 파도 속에서도 끊어지지 않는 홍합의 족사를 모방해서 물속에서도 접착력이 강한 접착제를 만드는 것입니다.

생물체가 가지고 있는 구조, 재료, 기능 등을 단순히 베끼기만 해도 대단한 연구성과가 되며, 이를 이용하여 실생활에 유익한 제품들을 만들어 낼 수도 있습니다. 아직까지는 생물체가 가진 구조나 기능을 단순히 베끼는 정도의 모방이라도 어려워하는 수준입니다만 최근에 매우 각광받는 과학 분야입니다.

대표적으로 '찍찍이'라고 부르는 벨크로 테이프가 있습니다. 1938년에 옷가지에 쉽게 달라붙는 엉겅퀴 씨앗의 구조를 흉내 내어 만든 것입니다. 지금까지 가방이나 옷, 신발 등을 묶을 때 사용되고 있습니다.

연못 위에 떠 있는 연잎의 표면은 항상 깨끗한데, 그 이유는 연잎 표면에 수많은 작은 돌기들 때문에 이물질이 달라붙지 않는 것입니다. 이를 모방해서 욕실의 타일이나 자동차 표면을 만들면 물만 뿌려도 깨끗해지는 제품을 만들 수 있습니다.

벌집을 보면 정육각형의 구조를 보이는데, 이런 구조는 자체 중량의 30배까지 꿀을 저장할 수 있는 가볍고 튼튼한 구조입니다. 이런 벌집의 구조를 모방해서 가벼우면서도 튼튼한 비행기 날개, 포장용 골판지 등에 이용하고 있습니다.

생물체의 재료를 모방하라

거미줄은 같은 굵기의 강철에 비해 10배 이상 강하고, 방탄복을 만드는 섬유소재보다도 4배나 강합니다. 그래서 과학자들이 거미가 거미줄을 만드는 과정을 밝혀내어 거미줄을 대량생산하는 방법을 연구하고 있습니다.

바닷가 바위에 붙은 홍합은 파도가 몰아쳐도 떨어지지 않고 단단하게 붙어 있는데, 바위에 쏘아 붙이는 족사는 10개의 아미노산이 반복되는 단백질로 구성되어 있습니다. 이처럼 물속에서 강력한 접착력을 나타내는 이 단백질을 대량생산하기 위한 연구가 이루어지고 있습니다.

또 전복껍질은 일반적인 세라믹 재료보다 3배 이상 강한 재료인데, 수백 나노미터 두께의 탄산칼슘 층과 수 나노미터 두께의 유연한 단백질 층이 층층이 쌓인 나노복합체 구조로 되어 있어서 강한 재료가 됩니다. 이를 이용하여 탱크의 철갑을 만드는 연구가 진행되고 있습니다.

과학자들이 모방해 보려고 애쓰고 있는 원래의 생물체의 구조와 재료를 이미 만드신 분이 계십니다. 바로 창조주 하나님이시죠.

생물체의 기능을 베끼라

과학자들이 곤충들의 날갯짓에 주목하여 이를 모방하려고 애쓰고 있습니다. 곤충은 새와 다르게 공중에서 급선회하거나 정지 상태에서 비행할 수 있는 놀라운 기능을 가지고 있습니다. 나비가 날개를 펄럭이며 날아가는 모습이 얼핏 보기에는 불안정해 보이지만 여기에는 고도의 공기역학적 원리가 담겨 있다는 것이 밝혀졌습니다. 날고 있는 나비의 날개 끝을 따라 나선형의 공기흐름이 만들어지고 이로 인해서 약간의 들어 올림이 일어나면서 효율적인 비행에 도움을 주게 됩니다. 이런 메커니즘을 모방하여 곤충 로봇을 개발하려는 연구가 진행되고 있습니다.

비행기를 처음 만들었을 때에는 급강하를 하게 되면 공기의 흐름 때문에 날개가 심한 진동을 일으켜 자꾸 추락하였답니다. 그런데 독수리의 급강하하는 모습을 면밀히 조사한 결과, 독수리는 급강하할 때 날개 앞의 깃털 하나가 위로 들리면서 그 사이로 약간의 공기의 흐름이 생기고 이 흐름이 전체 깃털의 진동을 방지하는 것을 알게 되어 비행기에 적용시킨 전연장치를 통해 급강하 기능을 안전하게 수행하게 되었습니다.

생체모방공학 제품들

생체모방공학을 통해 만들어진 제품들을 몇 가지만 살펴보겠습니다. 소금쟁이를 모방해서 물 위를 쉽게 떠다니는 소형 군용 로봇이나 해안 부표, 환경오염 탐지센서가 개발되고 있습니다. 벽이나 천정을 자유롭게 걸어다니는 도마뱀붙이의 발바닥 구조를 모방하여 만든 작은 로봇인 스티키봇은 유리판을 수직으로 기어 올라갈 수 있습니다. 최근에는 나무와 같이 거친 표면을 올라갈 수 있는 로봇의 개발이 진행되고 있습니다. 또한 도마뱀붙이의 발바닥 구조를 모방하여 접착력이 강하면서 붙였다 떼었다를 반복할 수 있는 테이프를 개발하였습니다.

생물 세포 속에 DNA는 엄청난 양의 정보를 담고 있는데, 최근에 디지털 정보를 DNA에 저장하는 기술이 발표되었습니다. 1g의 DNA 안에 약 468,000개의 DVD를 저장할 수 있다고 합니다.

공기 중의 수분을 물로 저장하는 사막의 딱정벌레를 모방하여 저절로 물을 채우는 물병이 개발되었습니다. 이 자가충전 물병은 한 시간에 3리터의 물을 채울 수 있다고 합니다.

과학자들이 너도나도 생물체의 구조와 재료, 기능을 모방하여 대단한 제품을 만들어 낼 수 있다고 얘기하고 있습니다. 그렇다면 원래의 생물체가 가지고 있었던 놀라운 구조와 재료, 기능들은 창조주 하나님의 능력을 보여서 알려 주는 창조의 증거가 될 것입니다.

> 창세로부터 그의 보이지 아니하는 것들 곧 그의 영원하신 능력과 신
> 성이 그가 만드신 만물에 분명히 보여 알려졌나니 그러므로 그들이
> 핑계하지 못할지니라
> (로마서 1:20)

동물에게서 영감 얻기

바닷속에 살고 있는 동물들에게서 영감을 얻은 사례가 있습니다. 첫 번째로 2000년도 호주 시드니 올림픽 때에 특별한 수영복이 소개된 적이 있습니다. 기능성 전신수영복인데 바로 상어의 피부를 모방한 것이었습니다. 상어는 바닷속에서 최대 시속 80km 속도로 나아가는데 그 이유 중에 상어 피부에 있는 작은 돌기들이 저항을 줄여 준다는 것이 밝혀졌습니다. 즉 상어가 앞으로 나아갈 때에 작은 돌기들이 주변에 발생하는 소용돌이를 밀어내어서 물의 저항을 줄이는 것입니다. 이와 같이 작은 돌기 모양을 갖도록 만든 필름을 항공기에 부착하면 공기저항을 최대 9% 정도 감소시킬 수 있다고 합니다. 또한 수영복의 표면에 상어피부의 돌기와 같은 구조를 갖도록 하면 저항이 줄어들어서 빨리 수영할 수 있습니다. 실제로 이런 기능성 수영복을 입은 선수가 올림픽에서 좋은 성적을 거둔 사례가 있습니다.

두 번째로 혹등고래는 지느러미에 불규칙한 모양의 혹을 가지고 있습니다. 혹등고래 지느러미의 혹은 바다 속에서 물고기 떼를 쫓아서 급선회할 때에 작은 소용돌이를 만들어서 저항을 크게 감소시켜 주는 효과가 있습니다. 이런 불규칙한 혹 구조를 가진 풍력발전용 터빈과 대형 팬을 개발하여 에너지 효율을 높이고 소음을 줄여 주게 되었습니다.

세 번째로 문어는 어떤 종류의 주변 지형이라도 모방하여 의도적으로 피부의 색깔을 바꿀 수 있습니다. 문어의 위장 피부는 그 자체가 경이로울 정도로 복잡한 생물학적 기계입니다. 문어의 위장 기술은 과학자들이 군인들의 전투복과 장갑차에 모방하려고 할 정도로 위대한 업적이 되었습니다. 최근 문어의 피부에서 영감을 얻은 연구자들이 자동적으로 배경 색과 조화되도록 여러 명암의 회색을 띠게 하는 열-감지 소재를 개발했습니다.

그러나 이 고도로 복잡한 장치도 살아 있는 문어에 들어 있는 기술에 비하면 아무것도 아닙니다. 사람들이 만든 복잡한 장치보다 훨씬 복잡하고 탁월한 문어의 피부는 놀라운 능력의 창조주를 가리키고 있는 것입니다.

동물들이 사는 모습을 보면서 뛰어난 지혜를 알게 된 경우도 있습니다. 흰개미집을 모방한 건물이 있습니다. 흰개미집에 약 200만 마리의 개미들이 살면서도 내부는 섭씨 27도와 60%의 습도를 유지하고 있습니다. 흰개미들이 내뿜는 열과 이산화탄소가 섞인 뜨거운 공기는 밖으로 배출되고, 바깥에서 시원하고 신선한 공기가 들어와서 온도와 습도를 유지하고 있는 것입니다. 1996년에 이와 같은 흰개미집을 모방하여 만든 이스트게이트 센터 건물은 외부 온도변화와 상관없이 항상 내부 온도를 섭씨 21~25도로 유지하고 있습니다.

일본의 고속열차인 신칸센을 개발할 때에 열차가 터널을 빠져나올 때의 공기 압력 변화 때문에 큰 소음이 발생하는 문제가 있었다고 합니다. 이 문제를 해결한 방법은 물총새가 공중에서 물속으로 들어갈 때에 거의 물을 튀기지 않는 모습을 모방하여, 고속열차의 앞부분을 물총새의 부리 모양대로 디자인하여 만든 것입니다. 이렇게 하고 나니 소음이 크게 줄었을 뿐만 아니라 15% 정도 적은 전기를 사용하여 10% 정도 더 빨리 달리게 되었다고 합니다.

혈액 응고 과정을 모방한 플라스틱 이야기도 있습니다. 상처가 생겨서 피가 나오더라도 금방 피가 멈추는 혈액 응고 과정은 매우 복잡하고 신비합니다. 이런 인체의 혈액응고를 모방한 '자가 치료 플라스틱' 기술이 개발되었습니다. 이 새로운 플라스틱은 스스로 치유되는 휴대폰 스크린이나, 테니스 라켓의 발명으로 이어질 수 있다는 전망을 낳고 있습니다. 새로운 플라스틱 속에는 손상된 부위에 치유 물질을 전달하기 위해서 모세혈관 네트워크를 가지고 있다고 합니다. 하지만 인체 내의 혈액응고에 비하면 아직까지는 단순한 수준입니다.

생체모방공학과 창조주

생체모방공학 이야기를 통해 창조주를 생각해 보아야 하는 이유
는 무엇인가요?

생물체에게는 과학자들이 모방하고 싶어하는 최첨단 기술들이
들어 있습니다. 그런데 이 생명체들이 목적도 없고, 방향도 없고,
계획도 없고, 지능도 없는 무작위적인 진화의 과정을 통해 우연히
생겨날 수 있었을까요?

창조주 하나님께서는 각종 식물과 동물들이 각자의 환경에서
잘 살아가는 데에 필요한 놀라운 기능들을 설계하여 넣어 주셨습
니다. 그렇기 때문에 생물체가 가진 놀라운 구조나 재료, 기능들
을 얼마든지 찾아볼 수 있습니다. 오늘날 과학자들은 식물과 동물
들 속에서 놀랍도록 멋진 기능들을 발견하고 모방하고 있습니다.
이런 생체모방공학 연구가 진행되면 될수록 창조주의 능력이 더
욱 드러나게 될 것입니다.

하나님께서 창조하신 자연세계는 인간에게 맡겨 주신 다스림
의 대상입니다.

하나님이 그들에게 복을 주시며 하나님이 그들에게 이르시되 생육

하고 번성하여 땅에 충만하라, 땅을 정복하라, 바다의 물고기와 하늘의 새와 땅에 움직이는 모든 생물을 다스리라 하시니라

(창세기 1:28)

3
성경 속에서 찾아보는
창조의 증거들

성경이 하나님의 말씀이라고 믿으면서도 자신이 알고 있는 과학이나 이성에 맞지 않는다는 이야기를 들을 때 성경에 대한 믿음이 흔들리는 분들이 많습니다.

성경에 기록된 말씀 중에서 현대 과학으로 보아도 너무 놀라운 내용들이 많이 있는데 그런 내용들을 살펴보려고 합니다. 우주 만물과 그 속에 있는 모든 법칙을 창조하신 하나님의 말씀인 성경이기에 과학적인 사실이나 법칙들이 들어 있는 것은 당연할 것입니다.

성경말씀의 기록 하나하나가 얼마나 정확하게 기록된 말씀인지 생각해 보시면 좋겠습니다.

성경에 틀린 내용이 있다는
주장에 대해

성경의 권위

성경은 인간의 지식과 능력으로 기록한 종교적 경전이 아닙니다. 창조주 하나님의 감동과 계시로 기록된 책입니다. 그러므로 모든 그리스도인의 삶에 있어서 성경이 유일하고도 최종적인 권위를 가집니다.

흔히 성경과 과학은 서로 맞지 않는다고 말하기도 합니다. 하지만 전혀 그렇지 않습니다. 성경은 과학이나 고고학적으로 따져 본다고 해도 얼마든지 신뢰할 만합니다. 오히려 성경은 비과학적인 기록이 아니라 초과학적인 기록이라고 할 수 있습니다. 앞에서 다

룬 이야기들을 통해서 볼 때에 자연만물을 통해 찾아보는 과학의 이야기들은 우주와 생명의 창조주를 밝히 드러내고 있습니다. 사실 성경과 충돌하는 과학이라는 것의 실체는 다만 '우주와 생명의 기원에 관한 무신론적인 상상과 추론 위에서 만들어진 진화론'을 말하는 것입니다.

무신론과 진화론으로 인해 성경의 기록이 점점 믿기 어려운 내용이 되어 가는 지금이야말로 성경의 기록에 대한 확실한 믿음이 필요한 시대입니다.

믿기 어렵다는 성경 기록

성경의 기록 중에서 믿기 어렵다는 내용이 무엇인지 얘기하기 전에 먼저 분명히 해야 할 것이 있습니다. 어떤 사람도 성경의 기록을 완벽하게 모두 이해하거나 깨달을 수는 없습니다. 그래서 이해할 수 없다는 핑계로 못 믿겠다는 것은 잘못된 태도입니다. 더군다나 인간의 지식과 능력에 한계가 있기 때문에 성경의 기록을 제대로 이해하지도 못한 채 성경의 기록이 틀렸다고 말하거나 모순이 있다고 쉽게 단정을 내리는 것도 잘못된 태도입니다. 성경이 틀렸다고 주장하면서 성경의 기록을 다 믿는 것은 바보같은 짓이라 얘기하는 사람들이 많습니다.

한 가지 예를 들어 볼까요? "가인의 아내는 과연 누군가?"라는 질문입니다. 이렇게 사소해 보이는 질문 하나라도 적절한 대답을 주지 못할 때에 얼마든지 한 사람의 영혼을 교회로부터 멀어지게 하거나 성경에 대한 믿음이 허물어질 수도 있습니다. 실제로 1925년 미국에서 전국적으로 라디오 생중계되었던 소위 '원숭이 재판'에서 이 질문에 제대로 답변하지 못하는 일이 있었습니다. 성경에 기록된 인류의 기원 내용이 전혀 비과학적이고 믿을 만하지 못한 기록이라는 공격을 받은 것입니다. 결국 이런 모습이 기독교 전체가 비합리적이고 맹목적인 믿음에 의존하고 있는 것처럼 보이게 만들었습니다.

가인의 아내는 누구인가?

그러면 가인의 아내의 정체는 무엇입니까? 답부터 말씀드리면 가인의 여동생 중의 하나입니다. 성경에서는 분명하게 아담이 첫 번째 사람이라고 말하고 있습니다.

> 기록된 바 첫 사람 아담은 생령이 되었다 함과 같이 마지막 아담은 살려 주는 영이 되었나니 (고린도전서 15:45)

그리고 아담의 아내 하와는 모든 산 자의 어머니가 되었다고 말합니다.

아담이 그의 아내의 이름을 하와라 불렀으니 그는 모든 산 자의 어머니가 됨이더라

(창세기 3:20)

즉 모든 인류는 아담과 하와 두 사람으로부터 시작되었다는 것이 성경이 말하고 있는 바입니다. 그러니까 가인의 아내 역시 아담과 하와의 자손일 수밖에 없습니다. 성경에서는 아담이 930세까지 살면서 많은 자녀들을 낳았다고 말하고 있습니다.

아담은 셋을 낳은 후 팔백 년을 지내며 자녀들을 낳았으며 그는 구백삼십 세를 살고 죽었더라

(창세기 5:4~5)

그러므로 아담의 큰 아들인 가인에게는 여동생이 많이 있었고, 그중 하나를 택하여 아내로 삼았을 것이라 생각할 수 있습니다. 남매간에 어떻게 결혼할 수 있느냐고 물을 수 있을 것입니다. 하지만 하나님께서 근친 간 결혼을 금하신 것은 노아홍수 이후 한참의 시간이 지나 모세를 통해 율법을 주셨을 때입니다. 아담 시대에는 근친 간의 결혼이 문제되지 않았을 것으로 생각됩니다.

가인이 누구를 두려워했을까?

가인이 아벨을 죽인 다음에 누군가가 자기를 죽일까 두려워했었

는데, 누구를 두려워했던 것일까요? 얼핏 보기에는 좀 이상해 보일 수가 있습니다. 등장인물이 아담과 하와, 가인과 아벨뿐인 것처럼 보이는데, 가인이 아벨을 죽인 다음에 이렇게 말하는 장면이 나오거든요.

> 가인이 여호와께 아뢰되 내 죄벌이 지기가 너무 무거우니이다 주께서 오늘 이 지면에서 나를 쫓아내시온즉 내가 주의 낯을 뵈옵지 못하리니 내가 땅에서 피하며 유리하는 자가 될지라 무릇 나를 만나는 자마다 나를 죽이겠나이다   (창세기 4:13~14)

과연 가인이 자기를 죽일까 봐 만나기를 두려워한 사람들은 누구였을까요? 성경을 보면 가인이 떠난 후에 아담은 아벨을 대신할 아들인 셋을 낳게 되는데 그때의 나이가 130세였습니다. 아담과 하와가 130년 동안 가인과 아벨, 셋 이렇게 3명의 아들만 낳았다고 생각하는 것은 말도 안 되는 상상입니다. 오히려 아주 많은 아들과 딸들을 낳았고, 다시 그 아들들과 딸들이 가정을 이루어 자녀들을 낳으면서 수천 명 이상 번성하였다고 보는 것이 타당합니다. 아벨이 가인에게 죽임을 당한 후에 얼마 지나지 않아 셋을 낳았다고 한다면 적어도 가인의 나이는 100살이 넘었을 것이고, 이미 가인과 아벨은 수십에서 수백 명의 가족들을 거느리고 있었을 것입니다.

그러므로 가인이 아벨을 죽인 것은 아벨의 가족 또는 다른 형제의 가족들에게는 용서할 수 없는 커다란 죄악이었으며, 복수하고자 하는 사람들이 분명히 있었을 것입니다. 가인이 바로 이 사람들을 두려워하였고, 이들을 떠나 따로 성을 쌓고 살게 된 것입니다.

> 가인이 여호와 앞을 떠나서 에덴 동쪽 놋 땅에 거주하더니 아내와 동침하매 그가 임신하여 에녹을 낳은지라 가인이 성을 쌓고 그의 아들의 이름으로 성을 이름하여 에녹이라 하니라   (창세기 4:16~17)

성경은 역사책이나 과학책은 아니지만 성경에 기록된 역사나 과학이야기들은 다른 기록들과 마찬가지로 분명한 사실입니다.

> 너희는 여호와의 책에서 찾아 읽어보라 이것들 가운데서 빠진 것이 하나도 없고 제 짝이 없는 것이 없으리니 이는 여호와의 입이 이를 명령하셨고 그의 영이 이것들을 모으셨음이라   (이사야 34:16)

성경을 읽는 원리는?

성경을 읽는 아주 중요한 원리는 바로 "예수님처럼 읽어야 한다"는 것입니다. 모든 그리스도인들이 구세주로 믿는 예수님께서 성경을 어떻게 읽으셨는지, 성경의 내용에 대해서 어떤 태도를 보이셨는지를 잘 알아서 우리도 그렇게 해야 한다는 것입니다.

예수님께서 성경에 대한 가장 핵심적인 가르침은 바로 이 말씀을 통해서 나타납니다.

> 진실로 너희에게 이르노니 천지가 없어지기 전에는 율법의 일점 일획도 결코 없어지지 아니하고 다 이루리라 (마태복음 5:18)

여기에서 말하는 율법은 바로 구약성경을 가리킵니다. 성경에 기록된 글자의 점 하나도 함부로 건드릴 수 없다는 것입니다. 성경의 기록이 천지 즉 하늘과 땅의 모든 만물보다 더 커다란 권위를 가졌다고 말씀하십니다.

> 천지는 없어지겠으나 내 말은 없어지지 아니하리라 (마가복음 13:31)

여기에서의 '내 말' 즉 예수님의 말씀은 바로 신약성경을 가리킵니다. 성경에 기록된 모든 말씀은 단 한 줄이라도, 아니 단 하나의 점이라도 결코 함부로 취급할 수 없는 귀중한 말씀이라는 것이 바로 예수님이 가르쳐 주신 것입니다.

예수님께서 구약성경을 읽으신 예를 구체적으로 살펴보겠습니다. 아주 중요하고도 엄격한 표현이 있습니다. 바로 인간의 창조에 관한 가르침입니다.

> 창조 때로부터 사람을 남자와 여자로 지으셨나니　　(마가복음 10:6)

창조의 현장에 계셨던 그리스도의 말씀에 의하면 하나님이 인간을 창조하셨을 때에 이미 아담과 하와를 지으셨다는 창세기의 기록을 분명히 확증하고 계십니다. 인간은 처음부터 남자와 여자로 창조되었다는 것입니다.

진화론에서 가르치는 것처럼 물질로부터 우연히 생겨난 생명체로부터 우연히 진화되어 오다가 사람이 된 것이 결코 아니라는 것입니다.

요즘 많은 신학자들은 아담과 하와가 실제로 인류의 시조가 아니라 하나님의 창조를 상징적으로 표현하는 것으로 설명하려 합니다. 하지만 예수님께서는 아담과 하와뿐만 아니라 그 아들인 가인이 아벨을 죽인 이야기를 실제의 사건이라고 확증하고 계십니다.

> 그러므로 의인 아벨의 피로부터 성전과 제단 사이에서 너희가 죽인 바라갸의 아들 사가랴의 피까지 땅 위에서 흘린 의로운 피가 다 너희에게 돌아가리라
> 　　　　　　　　　　　　　　　　　　(마태복음 23:35)

그리고 많은 신학자와 과학자들이 실제로 일어난 사건이 아니라고 말하는 노아시대 대홍수 사건에 대해서도 예수님께서는 분명한 역사적 사실이며 방주 밖의 모든 인간들이 다 멸망했다는 구약성경의 기록을 다시 확인해 주셨습니다.

> 노아가 방주에 들어가던 날까지 사람들이 먹고 마시고 장가 들고 시집 가더니 홍수가 나서 그들을 다 멸망시켰으며　(누가복음 17:27)

구약 성경에 기록된 많은 기적들에 대해서도 예수님이 하신 말씀이 있습니다. 성경에 기록된 수많은 기적들을 믿지 못하기 때문에 성경을 믿지 못하는 사람들이 많습니다. 그런데 예수님께서는 구약성경에 기록된 기적들을 실제 사건으로 분명하게 언급하셨습니다.

> 또 롯의 때와 같으리니 사람들이 먹고 마시고 사고 팔고 심고 집을 짓더니 롯이 소돔에서 나가던 날에 하늘로부터 불과 유황이 비오듯 하여 그들을 멸망시켰느니라　(누가복음 17:28~29)

> 요나가 밤낮 사흘 동안 큰 물고기 뱃속에 있었던 것 같이 인자도 밤낮 사흘 동안 땅 속에 있으리라　(마태복음 12:40)

또 선지자 엘리사 때에 이스라엘에 많은 나병환자가 있었으되 그중의 한 사람도 깨끗함을 얻지 못하고 오직 수리아 사람 나아만뿐이었느니라

(누가복음 4:27)

우리도 예수님처럼 성경을 읽어야 합니다.

성경 내용에 모순이 있다는 말을 들을 때

하지만 많은 사람들이 성경이 틀렸거나 모순이 있다고 말하는데 왜 그럴까요? 이런 이야기를 들을 때에 어떻게 하는 게 좋을까요?

성경이 틀렸다고 주장하는 내용들을 보면 3가지의 종류로 나눠 볼 수 있습니다. 첫째는 모순처럼 보일 수 있지만 실제로는 모순이 아니라 말씀을 잘못 이해한 경우입니다. 이런 경우엔 인간의 해석에 뭔가 잘못이 있거나 모자람이 있을 가능성을 두고 겸손해져야 합니다.

두 번째는 성경의 수많은 번역본들이 있는데 그중에 번역이 잘못된 경우를 보면서 성경 자체가 틀렸다고 의심하는 경우입니다. 이러한 경우에는 원문에 가까운 번역본이나 여러 종류의 번역본을 연구해 보면 쉽게 해결할 수 있는 경우가 있습니다.

세 번째는 과학적으로 틀린 구절이라고 말하는 경우입니다. 하지만 과학의 기준으로 성경을 이해하려는 시도 자체가 문제가 있

습니다. 성경은 과학을 뛰어넘는 하나님의 말씀입니다. 이런 경우에는 인간의 지식과 과학의 한계를 인정하고 성경의 기록을 보다 위에 두어야 합니다.

요약하자면 우리는 성경을 대할 때에 믿음과 겸손을 잊지 않아야 합니다. 만약 내가 가진 지식과 이성으로 이해하기 어려운 성경말씀이 있다면, 성경은 진리의 말씀이라는 믿음 위에서 출발하여 좀 더 배우고 살펴보려는 태도를 가져야 합니다. 그리고 겸손하게 지혜를 구할 때에 성경을 통해서 가장 좋은 해답을 얻게 될 것입니다.

> 하나님은 교만한 자를 대적하시되 겸손한 자들에게는 은혜를 주시느니라
>
> (베드로전서 5:5)

성경 속 과학이야기

토끼의 새김질

레위기 11장에서는 식생활과 건강에 대해서 잘 말해 주고 있습니다. 그중에서 광야생활을 하던 유대백성들에게 토끼에 대해서 하시는 말씀이 있습니다.

> 토끼도 새김질은 하되 굽이 갈라지지 아니하였으므로 너희에게 부
> 정하고   (레위기 11:6)

즉 다시 설명하자면 "토끼는 먹지 말아라, 왜냐하면 되새김질을

해야 하고, 발굽이 갈라진 동물이라야 먹기에 좋은 동물이다. 그런데 토끼는 되새김질은 하지만, 발굽은 안 갈라져 있기 때문에 하나님이 보시기에 부정하다. 그래서 먹지 마라"는 것입니다. 그런데 문제가 되는 부분은 토끼가 오랫동안 동물학계에서 새김질을 하지 않는 동물로 알려져 있었다는 것입니다. 그런데 하나님의 말씀은 토끼가 새김질을 한다고 하셨거든요.

어떤 해설 성경에서는 이 구절을 두고 "토끼는 새김질을 안 하는데, 평소에 입을 오물오물하니까, 모세가 오해하였을 것이다." 라고 설명하기도 했습니다. 하지만 모세는 헷갈릴 사람이 아닙니다. 근대 이후 여러 학자들이 토끼의 새김질을 연구했는데 그중 독일의 유명한 동물학자인 그리지맥 박사라는 분이 신앙이 좋은 분이었는데 토끼에 대한 말씀을 읽고서 성경 말씀을 신뢰하고, 직접 연구해 보니 놀랍게도 낮에는 되새김질을 안 하던 토끼들이, 밤 12시에서 새벽 3시 사이에 캄캄한 토끼굴에서 몰래 되새김질을 한다는 사실을 발견하게 되었습니다. 이 되새김질에는 특수한 물질이 필요한데, 그것이 토끼똥입니다. 토끼는 두 가지 똥을 누는데, 하나는 진짜 똥이고, 다른 하나는 되새김질에 필요한 특수한 성분의 효소입니다. 그래서 토끼를 깨끗하게 키운다고 똥을 다 치워버리면 영양결핍으로 토끼 생명이 위태롭게 됩니다.

외과 소독법

시체 만진 자에 대한 정결예식과 소독법 이야기가 있습니다. 19세기 후반에 오스트리아에는 제멜 바이스라는 의사가 있었습니다. 그는 당시에 수많은 임산부의 목숨을 앗아간 산욕열의 원인이 공기 중에 떠도는 정체불명의 바이러스 때문이 아니라 의사의 의료 과실임을 밝힌 의사입니다. 그때 당시 최고 수준의 병원에서도 임산부의 사망률이 30% 정도였다는 것입니다.

당시에는 의사들이 시체 해부를 자랑스럽게 여기던 시절이라, 시체를 만졌던 더러운 손을 안 씻은 채로 임산부에게서 아이를 받았습니다. 뒤늦게 제멜 바이스의 주장이 옳은 것으로 증명되었으며 결국 의사들의 손을 깨끗하게 씻게 한 후에 산욕열은 자취를 감추었습니다.

그런데 민수기에 다음과 같은 말씀이 나옵니다.

사람의 시체를 만진 자는 이레 동안 부정하리니 그는 셋째 날과 일곱째 날에 잿물로 자신을 정결하게 할 것이라   (민수기 19:11~12)

하나님은 왜 시체를 만진 자를 이렇게 특별히 부정하다고 규정하셨을까요? 그 이유는 시체가 인간에게 전염될 수 있는 가장 많은 균을 보유하고 있기 때문입니다. 그래서 최소한 7일간의 격리가 필요하다고 하셨고, 그 기간 중 3일과 7일 되는 날에는 잿물로 씻으라고 하신 것입니다. 당시 잿물로 씻게 하신 것은 지금의 병원 소독약과 비슷한 성분을 가진 가장 쉽게 구할 수 있었던 것이 바로 잿물이기 때문입니다.

유전자 이야기

또 다른 이야기는 유전자 이야기입니다. 부모를 닮은 자녀의 모습은 바로 유전자를 통해 생명정보가 유전된다는 것을 보여줍니다. 16세기까지 과학자들은 남자의 정자 속에 아주 조그만 아이가 들어 있다고 생각했습니다. 하지만 성경에는 사람의 눈으로 볼 수 없는 것을 하나님은 미리 보시고 계시다는 사실을 가르쳐 줍니다.

내 형질이 이루어지기 전에 주의 눈이 보셨으며   (시편 139:16)

1953년에 DNA의 구조가 밝혀지면서 세포 핵 속에 들어있는 DNA 유전정보를 통해서 신체의 모든 부분들이 만들어진다는 것을 알게 되었습니다.

부모에게 있던 정보가 아기에게 DNA로 전달된 후 그 아기가 자라면서 육체의 형질로 나타나게 되어 부모를 닮게 되는 것입니다. 3,000년 전에 기록된 시편의 말씀이 현대과학보다 훨씬 앞서 모든 생명체의 정보가 나타나기 전에 이미 기록되어 있다고 선포하고 있습니다.

야곱의 양떼와 유전법칙

유전과 관련된 또 다른 이야기 중 야곱의 양떼와 유전법칙 이야기가 있습니다. 멘델의 법칙에 우성의 법칙, 분리의 법칙이라고 알려진 법칙이 있는데 약간 복잡합니다. 쉽게 설명하자면 어떤 유전인자 중에서 우성인자와 열성인자가 함께 있으면 겉으로는 우성인자만 드러나지만 다음 후손에게서는 열성인자가 나타날 수 있다는 것입니다. 즉 우성인자로만 보이는 암컷과 수컷에게 숨겨진 열성인자들이 후손인 새끼를 낳았을 때에 드러나게 되는 경우를 말합니다.

창세기에서 야곱은 외삼촌 라반이 주기로 약속한 아롱지거나 점 있고 검은 양을 많이 생산하기 위해 양들이 교배할 때에 나무의 껍질을 벗겨 얼룩진 모양을 보여 주었기 때문에 성공한 것처럼 생각했습니다. 하지만 하나님은 유전법칙을 사용하셔서 야곱에게 특별한 복을 주셨다는 것을 꿈을 통해 가르쳐 주십니다.

이르시되 네 눈을 들어 보라 양 떼를 탄 숫양은 다 얼룩무늬 있는 것, 점 있는 것과 아롱진 것이니라 라반이 네게 행한 모든 것을 내가 보

았노라 (창세기 31:12)

외삼촌 라반은 열성인자를 가진 양을 전부 데려갔다고 생각했습니다. 야곱이 나뭇가지를 흔들어가면서 교배시키려던 숫양은 외모로는 우성인자만 보였지만 실제로 열성인자가 숨어 있었던 것입니다. 라반이나 야곱 모두 알 수 없었던 일이지만 하나님께서는 전부 아시고 야곱에게 많은 양떼를 얻는 복을 내려 주신 것입니다.

내가 측량할 수 없는 주의 공의와 구원을 내 입으로 종일 전하리이다 내가 주 여호와의 능하신 행적을 가지고 오겠사오며 주의 공의만 전하겠나이다 (시편 71:15~16)

바다의 길, 해로

바다에도 길이 있다는 것을 알고 계십니까? 바로 해로를 말하는 것입니다. 우리가 잘 알듯이 바닷물은 고여 있는 것이 아니라 일정한 패턴을 갖고 흐르고 있습니다. 이것을 해류라고 하지요. 배들이 바로 이 해류를 이용해서 이동하면 보다 안전하고 빠르게 이동할 수 있는 것입니다.

이처럼 바다의 길을 최초로 학문적으로 연구하여 해양학의 아버지라고 불리는 인물은 바로 매튜 머리 박사입니다. 매튜 머리 박사는 미국에서 태어나 어릴 적부터 바다에 큰 관심을 갖고 있었다고 합니다. 독실한 기독교인이었던 매튜 머리 박사가 바다의 길을 발견하게 된 데는 다음과 같은 성경과 관련된 유명한 일화가 있습니다.

그가 아파서 침대에 누워 꼼짝 못하고 있을 때 그의 아들은 아버지의 부탁으로 밤마다 그에게 성경을 읽어 주었다고 합니다. 그러던 어느 날 아들은 시편 8편을 읽게 되었습니다.

공중의 새와 바다의 물고기와 바닷길에 다니는 것이니이다

(시편 8:8)

8절의 말씀을 듣는 순간 "내가 해양에 대해서는 잘 알고 있다고 자부하는데 바닷길이라는 것이 있다는 것은 처음 들어 보았다. 그러나 성경에 바닷길이 있다고 말씀하셨다면 틀림없이 있을 것이다. 병이 나으면 한번 그것을 찾아보아야겠다"고 말했다고 합니다.

그는 대서양 바닷물의 온도와 해류 그리고 바람의 흐름에 대한 광범위한 연구를 시행하여 바람과 해류의 순환 사이에는 상호 관련이 있다는 것을 처음으로 밝혀냈습니다. 또한 북대서양을 가로지르는 항로와 기상도를 작성하였습니다.

이것은 3000여 년 전에 쓰여진 성경말씀에 대한 신뢰가 위대한

과학적 업적을 이루어 낸 좋은 예라고 할 수 있습니다.

바다 밑의 깊은 샘

바다 밑의 깊은 샘 이야기도 있습니다. 욥기 38장 16절에 보시면 **"네가 바다의 샘에 들어갔었느냐"**란 말씀이 있습니다. 하나님께 서는 욥에게 네가 바다 밑에 샘이 있는 것을 보았느냐고 물으시는 것입니다. 바다가 통째로 물인데 그 밑에 샘이 어디 있겠습니까? 당시로서는 상상도 못했을 것입니다.

그런데 1960년대에 와서야 sound navigation ranging(SON) 연구에 의해 바닷속에 샘물이 있다는 사실을 증명하였고, 그 후 1973년에 심해 잠수함이 만들어지면서 바닷속에 있는 샘을 촬영 하였습니다. 불과 40여 년 전의 일이지요. 그러나 성경은 몇천 년 전에 이미 이와 같은 사실을 밝히고 있었던 것입니다.

공기의 무게

욥기 28장 25절에 보시면 **"바람의 무게를 정하시며, 물의 분량을 정하시며"**라는 기록이 있습니다. 물리, 화학에 관한 많은 이야기 가 나오는 중에 공기도 무게가 있다는 사실이 기록되어 있습니다. 하지만 옛날 사람들은 잘 몰랐을 것입니다. '공기에 무슨 무게가 있겠나?'하고 생각한 것이지요. 그런데 수천 년이 지나 1640년에 이탈리아 과학자 토리첼리 박사가 공기의 무게(압력)를 재는 기계를 최초로 만들었습니다. 기압계라고 하지요. 1600년대에 알게된 사실을 성경은 이미 수천 년 전에 밝히고 있는 것입니다. 이와같이 그 당시의 과학보다 성경이 훨씬 앞서 있다는 것을 보여 주고 있습니다.

대기의 순환

17세기에 하틀리는 대기권의 적도에서 상승한 기단이 양극으로 이동한다는 내용으로 대기가 순환한다는 학설을 처음 주장했습니다. 이어 19세기에 코리올리와 페렐을 통해 북반구와 남반구에서 반대 방향으로 휘어지는 대기의 움직임을 밝히게 되었습니다.

하지만 성경에는 이미 전도서 1:6에 **"바람은 남으로 불다가 북으로 돌아가며 이리 돌며 저리 돌아 바람은 그 불던 곳으로 돌아가고"**라고 기록하고 있습니다. 대기의 순환을 이미 말씀하고 있는 것을 찾아볼 수 있습니다.

전파와 통신

네가 번개를 보내어 가게 하되 번개가 네게 우리가 여기 있나이다 어떤 내용인지 정말 이해하기 어려운 말씀일 수도 있습니다. 모스는 1837년 인류 최초로 전신기를 발명하여 전파통신이 가능해졌습니다. 이렇게 시작된 기술을 바탕으로 오늘날 우리는 TV를 시청하고 통신을 하기에 이르렀습니다. 광케이블을 이용한 광통신은 바로 빛을 보내어 정보를 전달하는 통신방법입니다.

그렇다면 이러한 '전파라고 하는 물질파동'은 어떻게 이 세상에 존재하게 되었을까요? 이것도 우연히 만들어진 것이라고 주장할 수 있을까요? 과학은 결코 전파를 만들지 않았습니다. 과학은 단지 이미 이 세상에 존재하고 있었던 그것(전파)을 어느 때인가에 와서 발견하고 이용할 뿐입니다.

위 말씀을 좀 더 쉽게 풀어보면 번개를 보내어 의사를 전달할 수 있도록 지혜와 지식으로 전파를 창조해 두신 분은 오직 하나님이시며 그 누구도 이러한 창조를 할 수 없지 않느냐고 반문하시는 내용입니다.

깊도다 하나님의 지혜와 지식의 풍성함이여 그의 판단은 헤아리지 못할 것이며 그의 길은 찾지 못할 것이로다 (롬 11:33)

성경 속 우주과학 이야기

북쪽 하늘의 커다란 공간

1980년 미국 천문학계는 은하계의 북편에 직경 3억 광년에 달하는 거대한 허공(별이 없는 공간)이 존재한다는 사실을 발견하고 이를 세상에 발표한 바 있습니다. 이 북편 하늘의 허공에 대하여 더 많은 연구 결과가 드러나면서 여러 언론에서 보도되었습니다.

그중 한 기사의 내용은 이렇습니다. "미국의 천문학자들이 멀리 떨어진 우주에서 거대한 구멍을 찾아내어 발표하였다. 그 텅빈 공간은 10억 광년 정도로서, 이 거대한 구멍 속에는 별도, 은하도, 블랙홀도 없으며, 아예 아무것도 없는 완전히 텅빈 공간으로 보인다는 것이다. 천문학자들은 어떻게 그런 거대한 구멍이 그곳에 있는지 그 이유를 알지 못하고 있다"

그런데 놀라운 것은 이러한 사실 또한 성경에는 이미 4,000여 년 전에 기록되어 있다는 사실입니다.

그는 북쪽을 허공에 펴시며   (욥기 26:7)

이 말씀은 다시 풀어 말하면 "그분 즉 창조주 하나님께서는 허공 위에 북쪽을 펼치셨습니다 그래서 북쪽에는 허공이 있습니다"라고 말할 수 있습니다.

허공에 떠 있는 둥근 지구

지구가 둥글게 생겼으며 허공에 떠서 태양 주위를 돌고 있다는 사실은 오늘날에는 아이들도 다 알고 있는 과학적 상식입니다. 그러나 이러한 상식이 생겨난 것은 수천 년의 역사 속에서 불과 수백 년도 안 되었습니다. 과학이 이러한 사실을 언제부터 이해하기 시작했을까요?

오랫동안 과학자들은 지구는 평평하며, 태양이 지구주위를 도는 것으로 이해해 왔습니다. 그러나 1543년 코페르니쿠스가 지구는 둥글며, 태양 주위를 돌고 있다는 지동설을 주장하게 되었지요. 이 사실을 뉴턴이 17~18세기에 '중력의 법칙'으로 훌륭히 설명하기에 이르게 되었습니다. 그렇다면 성경은 과연 지구에 대해 어떻게 말하고 있을까요?

> 너희가 알지 못하였느냐 너희가 듣지 못하였느냐 태초부터 너희에게 전하지 아니하였느냐 땅의 기초가 창조될 때부터 너희가 깨닫지 못하였느냐 그는 땅 위 궁창에 앉으시나니　　　　(이사야 40:21-22)

여기서 '땅 위 궁창'이라는 어구는 둥근 모양을 의미합니다. 설명하자면 "둥근 땅 위에 앉아 계신다"는 뜻입니다.

> 그는 북쪽을 허공에 펴시며 땅을 아무것도 없는 곳에 매다시며
>
> 　　　　　　　　　　　　　　　　　　　　　　(욥기 26:7)

땅을 공간에 다셨다는 말씀을 통해서 우리는 과학자들이 18세기에 와서야 정확히 이해한 지구가 허공에 떠 있다는 사실이 이미 성경에 기록되어 있음을 분명히 알 수 있습니다.

묘성과 삼성

묘성과 삼성 이야기도 무척 흥미롭습니다.

네가 묘성을 매어 묶을 수 있으며 삼성의 띠를 풀 수 있겠느냐

(욥기 38:31)

하늘의 별들은 정해진 위치에서 정해진 질서대로 움직이고 있습니다. 그래서 사람들은 사계절에 따라 움직이는 별자리를 만들어 볼 수 있습니다. 그중에서 황소자리라고 불리는 별자리가 있는데, 이곳에 묘성이라고 부르는 별자리가 있습니다. 망원경이 없이 육안으로 볼 때에는 7개의 별밖에 보이지 않습니다. 또 다른 말로 '일곱자매의 별', 우리나라에서는 '좀생이별'이라고도 불립니다. 그런데 이 묘성은 눈으로 보면 7개밖에 보이지 않지만, 현대의 천체망원경을 통해 관측해 보면, 실제로는 500여 개의 별들의 집단으로 이루어진 개방성단이며 우주 공간에서 함께 움직이고 있음이 확인됩니다. 묘성이 육안으로는 7개의 별밖에 보이지 않음에도 불구하고, 묘성을 묶어서 떨기모양을 만들어 놓으셨다는 성경의 표현은 정말로 놀라운 말씀이 아닐 수 없습니다.

그리고 삼성은 별자리 중에서 오리온 자리의 가운데 있는 3개의 별을 가리킵니다. 세 개의 별이 함께 모여서 밝은 빛을 내기 때문에 육안으로 볼 때는 매우 가까이 모여 있는 것처럼 보였지만, 나중에 천체망원경을 통해 관측해 본 결과 실제로는 3개의 별들이 서로 간에 상당히 멀리 떨어져 있다는 것을 알게 되었습니다. 이를 성경에서는 삼성의 띠를 풀어 놓았다고 표현한 것입니다.

별의 숫자

하늘에는 얼마나 많은 별들이 있을까요? 사람의 눈만으로는 약 6,000개 정도의 별을 볼 수 있다고 합니다. 갈릴레이가 망원경을 발명하여 하늘을 관측하게 된 17세기 초까지 세상의 사람들은 별의 수는 기껏해야 6,000개 정도라고 생각했습니다. 하지만 현재 여러 종류의 망원경을 사용하면 '하늘에 셀 수 없이 많은 허다한 별'이 있음을 알 수 있지요. 현재 추정되는 별의 수는 한마디로 표현한다면 "셀 수 없이 많다"입니다. 아무도 정확하게 말할 수는 없지만 일반적으로 1천억 개 이상의 별들로 이루어진 은하계가 전 우주 안에 1천억 개 이상이 있다고 말합니다. 그러니까 1천억×1천억 개의 별이 있다는 말입니다.

이렇게 별의 숫자가 엄청나게 많다는 것을 과학적으로 알게 된 것은 불과 400년도 채 안 되었는데, 예수님 오시기 수백 년 전에 쓰여진 예레미야 33:22에는 "**하늘의 만상은 셀 수 없으며 바다의 모래는 측량할 수 없나니**"라고 말씀하고 있으며, 히브리서 11:12은 "**하늘의 허다한 별과**"라고 말씀하면서 이미 하늘의 별의 수가 엄청나다는 것을 알려 주셨습니다.

또, 믿음의 조상 아브라함에게 직접 언약하신 말씀이 있습니다.

내가 네게 큰 복을 주고 네 씨가 크게 번성하여 하늘의 별과 같고 바

닷가의 모래와 같게 하리니   (창세기 22:17)

하늘의 별의 숫자를 바닷가의 모래의 숫자에 비교하셨다는 것을 볼 때에 지난 400년간 과학자들이 알아낸 사실을 훨씬 오래전에 성경이 말씀하고 계시다는 것은 놀라운 일이 아닐 수 없습니다. 이렇게 셀 수 없을 만큼 광대하며 어디가 시작이고 어디가 끝인지, 어떻게 움직이고 있는지조차 인간의 지혜로는 도저히 알아낼 수 없는 것이 우주의 별들입니다. 그런데 창조주이신 하나님께서는 이 수많은 별들 하나하나에 이름을 붙여 놓고 부르신다는 것을 아십니까?

그가 별들의 수효를 세시고 그것들을 다 이름대로 부르시는도다 우리 주는 위대하시며 능력이 많으시며 그의 지혜가 무궁하시도다

(시편 147:4)

별의 숫자를 헤아리시고, 그 이름을 붙여 부르시는 하나님께서 사랑하는 자기 백성들을 얼마나 분명하게 아시고 인도하시겠는지 충분히 상상할 수 있지 않습니까?

바벨탑 이야기

바벨탑 사건을 알고 계십니까?

성경에는 구약시대와 신약시대의 수많은 역사적인 사건들이 기록되어 있습니다. 이런 사건들에 대하여 현대의 고고학이나 역사학에서 찾아낸 흥미로운 증거와 사실들을 살펴보고자 합니다. 가장 먼저 바벨탑에 관한 이야기입니다.

창세기는 수많은 기원, 즉 시작에 대한 것을 알려 주고 있습니다. 창세기가 알려 주는 시작들 중에 사람들이 어떻게 각자 다른 언어를 사용하게 되었는지에 관한 언어의 시작 이야기가 있습니다.

온 땅의 언어가 하나요 말이 하나였더라 (창세기 11:1)

성경에 따르면 원래는 모든 사람들이 하나의 언어를 사용했었습니다. 그런데 왜 지금은 수많은 언어가 존재하는 것일까요? 바로 바벨탑 사건 때문이었습니다. 노아시대 대홍수가 끝난 후 노아 8식구로부터 다시 번성하기 시작한 인류들이 바벨탑을 건설하기로 작정하게 됩니다.

또 말하되 자, 성읍과 탑을 건설하여 그 탑 꼭대기를 하늘에 닿게 하여 우리 이름을 내고 온 지면에 흩어짐을 면하자 하였더니 (창세기 11:4)

이 말씀처럼 바벨탑을 건설하게 된 이유는 2가지였습니다. 자신들의 이름을 드러내고 온 지역에 흩어지지 않도록 하려는 것입니다. 하지만 대홍수 이후에 땅에 흩어져 번성하라는 하나님의 명령을 정면으로 어기는 일이었습니다. 당연히 하나님이 싫어하시는 일이었고, 결국 하나님께서는 강제로 인류를 흩어뜨리기 위해 언어를 혼잡하게 하십니다.

자, 우리가 내려가서 거기서 그들의 언어를 혼잡하게 하여 그들이 서로 알아듣지 못하게 하자 하시고 여호와께서 거기서 그들을 온 지

면에 흩으셨으므로 그들이 그 도시를 건설하기를 그쳤더라

(창세기 11:7~8)

결국 이렇게 해서 원래 하나였던 인류의 언어가 수많은 언어로 갈라지게 되었고, 사람들이 온 땅에 흩어지게 되었습니다. 문제는 많은 사람들이 이 바벨탑 사건이 과연 실제로 일어났던 일이라고 믿지 못한다는 것입니다.

바벨탑 사건이 실제로 일어났다는 증거

창세기에 쓰여 있는 바벨탑 사건을 사람들은 왜 믿지 않을까요? 물론 하나님을 믿지 않는 사람들은 성경을 믿지 않기 때문에 창세기의 기록을 안 믿으려고 하겠지요. 그런데 좀 더 나아가서 창세기의 바벨탑 사건은 완전 동화 같은 이야기라고 비웃는 사람들도 있습니다. 어떻게 전 지구의 수많은 사람들이 단 하나의 언어만 사용했던 적이 있었겠느냐는 것입니다. 그리고 하나님을 믿는 사람들 중에서도 바벨탑 사건은 실제로 일어난 사건이 아니라 고대 신화나 설화 정도로 생각하는 사람들이 많습니다.

그렇다면 바벨탑 사건이 실제로 일어났었다는 것을 보여주는 증거들이 있을까요?

우선 역사 기록들을 통해 간접적으로 확인할 수 있습니다. 오래

전 역사가로서 교회사의 아버지라고 부르는 유세비우스의 기록에 따르면 기원전 4세기경의 그리스 역사가였던 아비데누스의 기록 속에 바벨론의 거대한 탑이 파괴된 내용이 들어 있었다고 기록되어 있습니다.

"이 시기까지 모든 사람들은 한 언어를 사용하고 있었다. 그러나 이제 여러 많은 언어들의 혼돈 속으로 빠져들게 되었다."

또 유대인 역사가인 요세푸스도 고대의 자료들을 인용하면서 바벨탑 사건과 유사한 이야기를 남겨 놓았습니다.

"모든 인류가 한 언어를 사용했을 때, 그들 중 일부는 탑 하나를 건설하였다. 마치 그들은 그것으로 하늘까지 오르려고 했던 것처럼 보인다. 그러나 신은 폭풍바람을 보내어 그 탑을 무너뜨렸다. 그리고 모두에게 각각의 특별한 언어를 주셨다. 이런 이유 때문에 그 도시는 바벨론(Babylon)이라 불려졌다."

대홍수 이야기가 전 세계에 남아 있는 것처럼 바벨탑 사건과 비슷한 이야기들도 많이 남아 있습니다. 바벨탑 사건 이전까지 모든 인류가 한 종류의 언어를 사용하였는데 갑자기 언어가 갈라졌기 때문에 이렇게 어마어마하고 특별한 사건들을 자신들의 후손들에게 신화나 전설처럼 전해 주었을 것입니다. 실제로 많은 전승이나 설화들을 통해서 바벨탑 사건과 비슷한 내용이 전해 내려오고 있습니다.

몇 가지만 소개해 보겠습니다.

북아메리카 원주민의 전설에는 "모든 사람들은 같은 언어만 사용하였지만, 각 남편과 아내만 같은 언어를 사용하는 것을 제외하고, 한밤에 갑자기 모든 사람들이 다른 언어들로 말하기 시작하였다"고 말합니다.

　중앙아메리카에 있는 과테말라의 한 전승 속에는 "부족이 크게 번성해서 옛 고향을 떠나 다른 곳으로 이주했는데 거기에서 그들의 언어가 바뀌었고, 사람들은 각자의 언어를 알아들을 수가 없게 되어, 세계 여러 부분으로 나아가 새로운 집들을 구했다"고 기록하고 있습니다.

　아프리카 동부의 한 부족이 간직한 전설엔 "모든 고대 종족들은 한 가지 언어만 알았는데, 극심한 한발로 사람들이 미쳐 버렸고, 이상한 말을 중얼거리고 여러 가지 다른 언어가 생겨나게 되었다"고 말합니다.

　미얀마의 한 부족에게 내려오는 전설에는 다음과 같은 이야기가 나옵니다. "오래전 시대에 사람들은 하늘까지 닿는 한 탑을 쌓기로 결정했다. 그 탑이 하늘의 중간까지 이르렀을 때, 신이 내려와서 사람들의 언어를 혼잡케 하였다. 그래서 사람들은 서로의 말을 이해할 수가 없었다. 그때 사람들은 흩어졌다."

　이 외에도 인도, 그리스, 중동, 동남아시아 등등 다양한 민족들이 창세기의 바벨탑 사건처럼 사람들이 같은 언어를 사용하다가 탑을 쌓고, 신이 파괴하고, 갑자기 언어가 달라져서 여기저기 흩어져 살게 되었다는 전설을 간직하고 있습니다.

창세기의 수많은 시작들 중 언어의 시작을 알려 주는 바벨탑 사건에 대해 성경을 기록대로 믿지 않는 비판론자들은 성경을 무너뜨리기 위해 수많은 공격을 퍼붓고 있지만, 성경이 살아 계신 하나님의 말씀이라는 것은 명백한 사실입니다. 성경의 모든 기록들은 전적으로 신뢰할 수 있는 기록입니다.

그러므로 모든 육체는 풀과 같고 그 모든 영광은 풀의 꽃과 같으니 풀은 마르고 꽃은 떨어지되 오직 주의 말씀은 세세토록 있도다 하였으니 너희에게 전한 복음이 곧 이 말씀이니라   (베드로전서 1:24~25)

바벨탑은 어디에?

바벨탑은 어디에 있었고 모양은 어떠했을까요? 많은 역사학자들이나 고고학자들이 바벨탑의 위치로 추정하는 장소들이 여러 개있고, 바벨탑이라고 주장할 만한 거대한 고대 건축물의 흔적들이 발견되기도 합니다. 심지어 바벨탑의 모양이 이랬을 것이라고 하는 그림도 많이 있습니다. 고대 바벨론 제국이 있었던 중동 지역 여러 군데에 거대한 탑이 파괴된 흔적이 유적으로 남아 있기는 하지만 진짜 바벨탑인지 아니면 후대에 바벨탑을 흉내 낸 건축물인지를 확인하기가 어렵습니다.

결론적으로 하나님께서 건축을 중단시키신 고대 바벨탑이 어디에 있었는지 어떤 모양을 가지고 있었는지에 대해서는 정확하게 알 수가 없습니다. 게다가 바벨탑 사건으로 민족과 나라별로 언어가 갈라지면서 인류 문명이 심하게 요동쳤을 것을 상상하면 정확한 원본에 대한 설명을 찾는다는 것은 더더욱 쉽지 않습니다.

인류의 언어가 하나였다?

성경에 기록된 대로 바벨탑 사건이 역사적인 사실이라면 애초부터 인류의 언어가 하나였다는 것을 의미합니다. 인류의 언어를 연구하는 많은 학자들의 이야기를 살펴보면 현재 수많은 언어들이 사용되고 있지만 궁극적으로 뭔가 공통의 언어 기원이 있었을 것 같다는 주장들이 많이 나오고 있습니다. 예를 들면 아주 오래전에 인도에서 사용했다는 산스크리트어를 연구한 학자의 이야기에 따르면 산스크리트어와 헬라시대의 그리스어, 로마시대의 라틴어는 공통의 뿌리가 되는 언어가 있었다고 가정하는 것이 필요하다는 것입니다. 또 다른 학자의 이야기에서는 아메리카 대륙 원주민의 언어가 아시아, 유럽, 아프리카 대륙에서의 고대 언어로 알려진 수메르어와 이집트어와 많은 관련이 있어 보인다고 말하고 있습니다.

바벨탑 사건 이전에 모든 인류가 사용했던 원래의 언어가 어떤 것인지를 밝혀내는 것은 어려운 일이지만 수많은 언어들을 비교하며 연구하면 인류 공통의 언어가 있었다는 것이 점점 뚜렷해지고 있는 셈입니다.

사실 사람이 언어를 가지고 있다는 것 자체가 동물들과 다른 아주 특별한 특징이라고 할 수 있습니다. 진화론이 맞는다면 인간의 언어는 동물들이 으르렁거리거나 소리 내는 것에서부터 점점 진화되어 왔다는 것을 의미합니다. 많은 진화론 과학자들은 언어를 구사할 수 있는 사람의 능력이 어떻게 진화되었는지를 알아보려고 노력해 왔지만 어떤 실험으로도 진화론적으로 사람과 가장 가깝다는 침팬지에게 언어를 가르치는 데 실패했습니다. 진화론을 믿는 과학자들은 결코 언어의 기원을 알아낼 수 없다고 하더라도 인간이 진화된 것만큼은 사실이라고 믿는 것처럼 인간의 언어 역시 동물의 소리에서 어떻게든 진화되어 왔을 것이라고 믿고 있는 것입니다.

동물들도 뭔가 소리를 통해 의사소통을 하는 것처럼 보이지만 사람의 언어와 같이 복잡하고 신비하지 않습니다. 진화론에서는 고대 인류의 조상들이 지금보다 훨씬 더 동물에 가까운 단순한 언어를 사용했을 것이라고 상상하고 있습니다. 하지만 창조론의 입장에서 곰곰이 생각해 보면 정반대가 됩니다. 처음 인류의 조상에서부터 바벨탑 사건 이전까지는 하나의 언어를 통해 풍성하고 찬란한 언어문화를 가지고 있다가 갑자기 언어가 혼잡해지고 갈라지면서 많이 망가진 채로 세월을 지나오면서 더욱 많이 나눠진 것이 아닐까 생각됩니다.

훨씬 복잡했던 고대언어

그렇다면 옛날에 사용하던 언어를 연구해 보면 뭔가 발견할 수 있지 않을까요?

언어를 연구하는 학자들의 설명을 찾아보면 오래전에 사용하던 언어일수록 더 어렵고 복잡하다는 것입니다. 고대 중국어는 현대 중국어보다 더 어렵고, 고대 그리스어는 현대 그리스어보다 더 어렵다고 합니다. 사용된 시기가 기원전 1,500년 전까지 올라가는 산스크리트어는 가장 어려운 언어 중의 하나로 알려져 있습니다. 예를 들어 영어의 경우 동사의 변화가 기본형-현재형-과거형-과거분사형-현재진행형 이렇게 5가지 정도로 구분하고 있지만 산스크리트어의 동사는 500여 가지의 변화를 가지고 있었다고 합니다.

너무나도 분명한 사실은 사람이 살고 있는 세계 그 어떤 곳에서도 아무리 문명이 발달하지 않았다고 해도 사용하는 언어만큼은 매우 복잡하고 정확하게 자신의 의사를 표현할 수 있다는 것입니다.

현재 우리와 함께 지구에 살고 있는 사람들 중에서 흔히 원시적이라 부르는 사람들이 있지만 실제로 그들의 언어는 우리보다 훨씬 복잡한 경우가 있습니다. 에스키모인들의 언어에는 현재형을 가리키는 표현이 63종류가 있고, 눈의 흰색에 관한 표현도 10가지가 넘으며, 단순한 명사 하나에도 250여 가지의 변화(주격, 소유격, 목적격 등)를 나타낼 수 있다고 알려졌습니다.

이렇게 어렵고 복잡한 언어들을 각각의 민족마다 사용하고 있습니다만, 그 민족에게서 태어난 아이들은 몇 년도 되지 않아 자기 민족들의 언어를 배울 수 있습니다. 그리고 다른 민족의 언어를 배우는 것도 쉽지는 않지만 얼마든지 가능하다는 것도 사람에게서만 볼 수 있는 특별한 능력입니다.

언어와 창조론

진화론을 믿는 학자들은 언어가 생겨난 것에 대해 소리를 내는 것이 발전해서 하나의 문법이 만들어졌고, 단순한 것에서 복잡한 것으로 진화되었다고 말하지만 전혀 맞지 않은 설명입니다. 언어는 서서히 만들어지는 게 아닙니다.

언어는 하나님께서 인간에게 준 고귀한 선물이며, 처음부터 완전했습니다. 하지만 바벨탑 사건을 통해 언어가 혼잡하게 되어 갈라졌고 그 때문에 다른 언어를 배우는 일이 어렵게 되었습니다. 어떻게 보면 현재 지구상에 거주하는 인간들이 수천 가지의 언어를 사용하고 있는 모습은 옛날 인류의 조상들이 바벨탑을 쌓은 범

죄의 결과라고 말할 수 있습니다.

> 여호와께서 사람들이 건설하는 그 성읍과 탑을 보려고 내려오셨더
> 라 여호와께서 이르시되 이 무리가 한 족속이요 언어도 하나이므로
> 이같이 시작하였으니 이 후로는 그 하고자 하는 일을 막을 수 없으
> 리로다 자 우리가 내려가서 거기서 그들의 언어를 혼잡하게 하여 그
> 들이 서로 알아듣지 못하게 하자 하시고 여호와께서 거기서 그들을
> 온 지면에 흩으셨으므로 그들이 그 도시를 건설하기를 그쳤더라 그
> 러므로 그 이름을 바벨이라 하니 이는 여호와께서 거기서 온 땅의
> 언어를 혼잡하게 하셨음이니라 여호와께서 거기서 그들을 온 지면
> 에 흩으셨더라
> (창세기 11:5~9)

바벨탑 사건은 수많은 민족과 나라로 나뉘어 흩어지게 된 사실
과 매우 밀접한 연관이 있습니다. 그러니까 바벨탑 사건으로 언어
가 나눠지고, 이렇게 나뉜 언어별로 뿔뿔이 흩어져서 살아가게 된
것입니다. 실제로 언어에 따라 사람들을 구분하는 것을 어족이라
고 하는데 어족과 민족은 매우 비슷하게 나뉩니다.

바벨탑사건과 인구분산

그렇다면 바벨탑 사건 이후에 세상의 모든 인류들이 전 세계로

흩어졌다는 것을 보여 주는 몇 가지 증거들을 알아보도록 하겠습니다.

노아시대 대홍수가 끝난 다음에 전 세계에 남은 사람은 모두 몇명인지 기억하십니까? 바로 노아의 8식구입니다. 그러니까 대홍수 이후에 노아 8식구로부터 모든 인류가 새롭게 출발하게 되었다는 것입니다. 다시 말하면 노아의 세 아들인 셈과 함과 야벳이 대홍수 이후에 태어난 모든 인류의 조상이 된다는 것입니다. 바로 여기에서 민족과 나라가 나누어진 흔적들을 찾아볼 수 있습니다. 성경에는 분명히 노아의 세 아들로부터 사람들이 온 땅에 퍼져 살게 되었다고 말씀하고 있습니다.

방주에서 나온 노아의 아들들은 셈과 함과 야벳이며 함은 가나안의 아버지라 노아의 이 세 아들로부터 사람들이 온 땅에 퍼지니라

(창세기 9:18~19)

창세기 10장에는, 노아의 손자들 중 16명의 이름이 기록되어 있습니다. 바로 이 이름들을 통해서 민족과 나라의 기원을 찾아볼 수 있습니다. 노아 홍수 이후 인간의 수명은 급격하게 감소하게 되는데, 노아의 아들인 셈은 600살까지 사는 데 비해 그 후손들은 465세-460세-464세-239세-239세-230세-148세-205세-175세로 줄어드는 것을 알 수 있습니다. 그렇다면 노아의 손자들

이 400세 이상 살면서 자기 아래로 7~8대 이상의 후손들을 거느리면서 한 부족 내에서 절대적인 권력을 가진 족장 역할을 하였을 것이고, 이들의 이름은 바로 그 부족의 이름이며, 그 지역의 이름으로 불렸을 것입니다. 그래서 성경에 기록된 노아의 손자 16명의 이름을 역사적으로 추적해 볼 필요가 있는 것입니다.

야벳의 아들 7명의 이름

> 야벳의 아들은 고멜과 마곡과 마대와 야완과 두발과 메섹과 디라스요 고멜의 아들은 아스그나스와 리밧과 도갈마요 야완의 아들은 엘리사와 달시스와 깃딤과 도다님이라 이들로부터 여러 나라 백성으로 나뉘어서 각기 언어와 종족과 나라대로 바닷가의 땅에 머물렀더라
>
> (창세기 10:2~4)

1) 고멜(Gomer)은 골(Gaul)이라 불린 프랑스 지역과 갈리시아(Galicia)라고 불린 스페인 지역, 갈라디아(Galatians) 지역인 터키와 관련됩니다. 고멜의 아들인 아스그나스는 현재 아르메니아와 독일의 옛 이름입니다.
2) 마곡(Magog)은 마고리츠(Magogites)라고 불린 스키타이인의 조상이며, 현재 루마니아와 우크라이나 지역의 옛 이름이 스키타이입니다.

3) 마대(Madai)는 구약시대 메대라고 부르던 제국인 현재 이란 지역 사람들의 조상입니다.

4) 야완(Javan)은 그리스를 부르는 히브리 단어입니다. 야완의 아들들의 이름 역시 모두 그리스와 관련이 있습니다.

5) 두발(Tubal)은 두발의 자손이라는 뜻을 가진 다발리(Tabali)라는 이름으로 불린 사람들의 조상입니다. 현재 그루지아 공화국의 수도인 트빌리시(Tbilisi)는 두발(Tubal)이라는 이름에서 비롯된 것입니다.

6) 메섹(Meshech)은 러시아 모스크바의 옛 이름입니다.

7) 디라스(Tiras)은 트라시안(Thracians)으로 불린 사람들의 조상으로 트라키아(Thracia)는 현재 유고슬라비아 지역입니다.

함의 아들 4명의 이름

함의 아들은 구스와 미스라임과 붓과 가나안이요   (창세기 10:6)

1) 구스(Cush)는 아프리카의 에디오피아(Ethiopia)를 가리키는 히브리 단어입니다.

2) 미스라임(Mizraim)은 이집트(애굽, Egypt)에 대한 히브리 단어입니다. 아직도 이집트 사람들은 자기 나라를 미스라임이라 부르기도 합니다.

3) 붓(Phut)은 이집트 서쪽에 있는 나라인 리비아(Libya)의 히브리 단어입니다. 요세푸스에 의하면, "붓은 리비아를 창건한 사람"입니다.

4) 가나안(Canaan)은 현재 이스라엘이 위치한 팔레스타인(Palestine)의 히브리어식 이름입니다.

셈의 아들 5명의 이름

셈의 아들은 엘람과 앗수르와 아르박삿과 룻과 아람이요

(창세기 10:22)

1) 엘람(Elam)은 고대 제국인 페르시아의 옛 이름으로 지금 이란입니다.

2) 앗수르(Asshur)는 역시 고대 제국인 앗시리아의 히브리 단어입니다.

3) 아르박삿(Arphaxad)은 현재의 아라비아 지역인 갈데아(Chaldeans) 사람들의 조상입니다. 갈데아 사람들의 유적 중에서 갈데아의 창시자 이름을 아립허라(Arip-hurra)라고 표현하고 있습니다.

4) 룻(Lud)은 현재의 터키 서쪽 지역을 가리키는 리디아(Lydians) 사람들의 조상입니다.

5) 아람(Aram)은 시리아(Syria)를 가리키는 히브리 단어입니다. 구약 성경에서는 시리아 사람을 아람인이라고 불렀습니다.

이들은 그 백성들의 족보에 따르면 노아 자손의 족속들이요 홍수 후에 이들에게서 그 땅의 백성들이 나뉘었더라   (창세기 10:32)

성경 속 역사의 증거들

소돔과 고모라 이야기

소돔과 고모라가 멸망한 이야기에 대해 고고학적인 증거들이 발견된 내용을 살펴보려고 합니다. 이 사건이 일어난 것은 믿음의 조상 아브라함 시대의 일이었습니다. 아브라함과 롯이 함께 살기에 어려울 정도로 부유해진 후에 아브라함과 롯은 서로 떠나 살기로 하였고, 롯이 풍요롭게 보이는 요단 들을 선택하여 소돔과 고모라 방향으로 이동하고, 아브라함은 가나안 땅에 남게 되었습니다. 롯이 거주하는 지역의 소돔 사람들은 하나님이 보시기에 큰 죄인이었으며, 결국, 하나님께서는 소돔과 고모라를 멸망시키기로 하셨고, 아브라함의 간곡한 기도를 들으셔서 롯의 가족을 구해 내신 사건입니다.

> 여호와께서 하늘 곧 여호와께로부터 유황과 불을 소돔과 고모라에 비같이 내리사 그 성들과 온 들과 성에 거주하는 모든 백성과 땅에 난 것을 다 엎어 멸하셨더라 (창세기 19:24~25)

당시에 매우 풍요롭게 살았을 것으로 보이는 2개의 큰 도시가 갑자기 하늘에서 비처럼 쏟아져 내린 유황과 불로 완전히 멸망했 던 사건입니다.

혹시 이 사건에 대한 유물이나 흔적이 남아 있지 않을까요? 소돔 과 고모라 사건에 대한 고고학의 증거들이 발견되었습니다. 완전 히 멸망을 당해 폐허가 된 소돔과 고모라 지역이 이스라엘 동쪽 사 해 부근에서 발견되었습니다. 두 지역 모두 엄청난 규모의 대형화 재로 파괴된 흔적이 남아 있었습니다. 남아 있는 잔해 더미의 두께 가 약 90cm 정도인 것을 보면 어마어마한 대형 참사라고 부를 만 큼 커다란 흔적이었습니다. 집이나 건물들의 크기는 실제로 꽤 커 보였고 성벽과 도시의 모든 것들은 완전히 재로 변해 있었습니다.

전 세계 어떤 화산 폭발에서도 찾아볼 수 없는 순수한 유황 가 루가 압축된 수백 개의 유황 덩어리들이 발견되었습니다. 적어도 5개의 도시가 유황불이 쏟아져 내려 잿더미로 변했다는 것을 확인할 수 있었습니다. 주변의 모든 것들을 태워 버린 후, 계속해서 뜨거운 열로 인해 주변의 재들을 계속 녹여 버렸습니다.

　유황에 의한 대형화재의 흔적이라고 해도 반드시 유황과 불이 비처럼 쏟아져 내렸다고 말할 수 있느냐는 질문이 가능합니다. 성경에서는 불이 나서 망한 것이 아니라 하늘에서 유황과 불이 쏟아져 내렸다고 기록하고 있습니다. 실제로 예전의 소돔 지역으로 보이는 곳에서 발견된 공동묘지 건물에서 놀라운 흔적이 발견되었습니다. 학자들이 시체를 매장하는 데 사용된 건물들이 화재로 불탔다는 것을 알아내기는 했는데, 놀라운 것은 이 화재가 지붕에서부터 시작되었다는 것입니다. 일반적으로 건물에 불이 나면 바닥에서 위로 불길이 번지게 되어 있습니다. 그런데 특이하게도 이 건물의 화재 흔적은 지붕에서부터 아래로 번진 것으로 보인다는 것입니다. 이런 흔적을 통해 상상해 볼 수 있는 광경은 불타는 파편들이 공중으로부터 건물 위로 떨어져 내렸다고 밖에는 설명할 길이 없습니다. 하지만 어떻게 그런 일이 일어날 수 있었을까요? 이 사건은 우연히 발생한 자연재해가 결코 아니라 하나님의 심판이었음을 분명히 알 수 있습니다.

니느웨 성

앗수르 제국의 최대 성읍이며 요나가 전도했던 니느웨라는 도시가 있었습니다. 그런데 니느웨라는 도시가 있었다는 흔적을 19세기까지 발견하지 못해서 성경의 기록을 믿지 않으려는 사람들이 있었습니다. 그러다가 19세기에 니느웨성의 흔적과 유적들이 발견되었고, 그 도시가 커다란 홍수로 잠겨 버렸다는 증거들이 드러났습니다. 이런 발견을 통해 오히려 니느웨에 대한 예언을 기록한 나훔서 1장 8절 말씀인 "**그가 범람하는 물로 그곳을 진멸하시고 자기 대적들을 흑암으로 쫓아내시리라**"라는 예언이 역사적으로도 그대로 성취되었음이 밝혀지게 되었습니다.

소돔과 고모라의 사건을 통해 생각해야 하는 것은 바로 하나님께서 죄에 대해서 어떻게 심판하시는지를 보여주는 성경의 중요한 역사적인 실제 사례가 된다는 것입니다.

> 네 아우 소돔의 죄악은 이러하니 그와 그의 딸들에게 교만함과 음식물의 풍족함과 태평함이 있음이며 또 그가 가난하고 궁핍한 자를 도와 주지 아니하며 거만하여 가증한 일을 내 앞에서 행하였음이라 그러므로 내가 보고 곧 그들을 없이 하였느니라   (에스겔 16:49~50)

여리고성 전투 이야기

주일학교 어린이들에게 물어보는 성경 문제에 자주 등장하는 질문이 있습니다. "여리고 성을 무너뜨리기 위해서 이스라엘 백성들은 성을 몇 바퀴 돌았을까요?"라는 질문인데요, 몇 바퀴인지 아십니까? 6일 동안 매일 한 바퀴씩, 7일째에는 일곱 바퀴를 돌았으니까 총 13바퀴를 돌았습니다. 성경의 기록에 따르면 정말 아무런 공격을 하지 않고 그저 성 주변을 13바퀴를 돌고 나서 소리 질렀더니 성벽이 무너져 내렸다는 것입니다.

> 이에 백성은 외치고 제사장들은 나팔을 불매 백성이 나팔 소리를 들을 때에 크게 소리 질러 외치니 성벽이 무너져 내린지라
>
> (여호수아 6:20)

성경의 말씀은 기록된 그대로 받아들이면 쉬운데, 성경을 믿지 않으려 하거나 비판하기를 좋아하는 사람들은 어떻게 성벽이 그냥 무너져 내릴 수 있느냐며 과학적으로 말도 안 되는 지어낸 이야기라고 말할 것입니다.

여리고성이 무너져 내린 다음에 여호수아가 예언하는 내용이 있습니다.

> 여호수아가 그때에 맹세하게 하여 이르되 누구든지 일어나서 이 여리고 성을 건축하는 자는 여호와 앞에서 저주를 받을 것이라 그 기초를 쌓을 때에 그의 맏아들을 잃을 것이요 그 문을 세울 때에 그의 막내아들을 잃으리라 하였더라
>
> (여호수아 6:26)

그리고 이 예언이 나중에 그대로 성취되는 것을 알 수 있습니다.

그 시대에 벧엘 사람 히엘이 여리고를 건축하였는데 그가 그 터를
쌓을 때에 맏아들 아비람을 잃었고 그 성문을 세울 때에 막내 아들
스굽을 잃었으니 여호와께서 눈의 아들 여호수아를 통하여 하신 말
씀과 같이 되었더라   (열왕기상 16:34)

하나님께서는 여호수아를 통해 여리고성을 다시 건축하지 않
아야 하며, 어기게 되면 강력한 처벌을 내리겠다고 경고하셨습니
다. 왜냐면 여리고성이 무너져 내린 것을 하나님께서 초자연적으
로 개입하신 이스라엘 백성의 승리와 심판에 대한 분명한 증거로
남기셨기 때문입니다.

1900년대 초기부터 여러 나라의 탐사팀들이 여리고성 유적을
발굴하게 되었고, 이를 바탕으로 1999년에 나온 보고에 따르면
여리고성의 고고학적 발굴들은 성경의 내용을 정확하게 뒷받침
한다는 것을 알 수 있습니다.

이 보고서에 따르면 여리고성은 외벽과 내벽 두 겹으로 되어 있
으며, 외벽은 5m 정도 높이의 성벽기초 위에 높이 7m의 진흙 벽
돌로 세워진 벽이고, 내벽은 지상에서 14m 정도 높은 둑 위에 쌓
은 벽으로 매우 튼튼한 성벽으로 되어 있었습니다. 양식만 풍부하
다면 성 안에서 몇 년이고 버틸 수 있는 수준이었습니다.

여호수아 3:15에는 이스라엘 백성이 여리고성에 도착했던 때가 곡식 거두는 시기라고 기록하고 있습니다. 실제로 발굴된 여리고성 안의 유적들 가운데 항아리들 속에는 곡식이 가득 들어 있는 채로 불에 타 버린 것을 발견하였습니다.

또한 발굴한 학자들은 모두 강력한 지진의 흔적이 확실히 있다고 보고하였습니다. 하나님께서 땅을 흔들어 성벽을 무너뜨렸다는 것입니다. 물론 이스라엘 백성들이 성벽을 13번째 돈 후 소리지르던 바로 그때에 우연히 지진이 일어나서 성벽이 무너졌다고 말하고 싶은 사람들도 있겠습니다.

놀라운 사실은 여리고성의 외벽이 그 밑의 성벽기초 바깥으로 무너져 내렸다는 것입니다. 대부분의 성벽 전투에서는 바깥쪽의 공격 군사들이 성벽에 사다리를 올려놓고 밀고 들어오면서 성벽이 안쪽으로 무너지게 되어 있습니다. 그런데 여리고 성벽은 정반대로 성의 안쪽에서 바깥쪽을 향해 무너져 있었다는 것입니다. 이는 외부 침입이나 공격에 의해서 무너진 것이 아니라는 것을 말해 줍니다.

여리고 진멸의 흔적

여리고성 유적 속에 불에 탄 곡식이 가득 차 있었던 것은 어떤 의미가 있을까요?

우선 곡식이 풍부했다는 것은 여리고 성 안에 있는 사람들이 성을 지키느라 지치거나 굶주리지 않았다는 것을 의미합니다. 즉 여리고 성의 내부에서 의도적으로 성벽을 무너뜨린 것이 아니라는 것입니다.

그리고 또 하나 아주 중요한 의미가 있습니다. 전쟁을 치르는 군대는 상대방의 곡식을 탈취해서 군량으로 삼는 것이 일반적입니다. 승리하는 전쟁에서 곡식을 일부러 태워 없애는 일은 비상식적인 행동입니다. 하지만 성경에 그 이유가 나옵니다.

> 무리가 그 성과 그 가운데에 있는 모든 것을 불로 사르고 은금과 동철 기구는 여호와의 집 곳간에 두었더라   (여호수아 6:24)

여리고성의 승리는 이스라엘 백성들의 힘으로 된 것이 아니라 온전히 하나님께서 하신 일이었고, 그에 대한 믿음의 표현으로 아무것도 개인적으로 취하지 말고 모든 것을 불태워 버렸다는 것입니다. 그렇기에 하나님께서는 이러한 역사적 기록들을 분명히 후세에 남겨 놓기 위해 여리고성을 다시 건축하지 말라는 강력한 경고의 예언을 하신 것으로 생각됩니다.

라합의 집

여리고 성의 멸망 속에서 라합의 집안이 구원받은 내용과 관련된 것으로 보이는 증거도 있습니다. 독일 발굴팀의 보고서에 의하면, 여리고성 북쪽 외벽에는 집들이 붙어 지어져 있었는데, 오직 한 부분만이 무너져 내리지 않았다고 말합니다. 여리고 성을 정탐하러 온 사람들을 몰래 구해 준 라합의 집은 성벽 위에 있었습니다.

> 라합이 그들을 창문에서 줄로 달아 내리니 그의 집이 성벽 위에 있
> 으므로 그가 성벽 위에 거주하였음이라   (여호수아 2:15)

그리고 여리고 성이 무너져 내리고 멸망당할 때에 라합의 가족들만 구원을 받게 되었습니다. 우리 앞에 아무리 여리고성이 버티고 있더라도 전능하신 하나님께 구하면 그분은 능치 못할 일이 없으시기 때문에 그때와 마찬가지로 하나님의 시간에 하나님의 방법으로 그 성벽을 무너뜨리실 것입니다.

> 너는 내게 부르짖으라 내가 네게 응답하겠고 네가 알지 못하는 크고
> 은밀한 일을 네게 보이리라   (예레미야 33:3)

성경 속 역사기록을 대하는 태도

성경의 기록은 모두 사실이며 진리입니다. 성경에서 역사적인 사건을 기록했다면 실제로 일어났던 사건임에 틀림없기 때문에 당연히 그에 대한 증거가 있을 수밖에 없습니다. 하지만 문제는 성경의 기록을 역사적인 사실로 믿으려고 하지 않기 때문에 증거조차 믿지 않으려는 사람들이 많다는 겁니다. 예를 들면 이런 것입니다.

1) 성경에 어떤 역사적 사건이 기록되어 있습니다. 그런데 여기에 대한 고고학적인 증거가 발견되지 않았다고 해서 믿을 수 없다고 말합니다.

2) 그러다가 그 사건에 대한 고고학적 증거들이 발견됩니다. 그러면 이제는 발견된 증거가 성경에 기록된 그 사건의 증거가 아니라고 하면서 역시 또 믿을 수 없다고 말합니다.

증거가 없어서 믿지 못하는 것이 아니라 믿고 싶지 않기 때문에 믿지 못하는 것입니다. 반대로 성경을 하나님의 말씀으로 믿는 사람들에게는 증거를 보여 주기 전에도 얼마든지 믿게 됩니다.

믿음은 바라는 것들의 실상이요 보이지 않는 것들의 증거니

(히브리서 11:1)

사람이 만든 과학책이나 역사책에는 오류가 있어서 자꾸 고쳐야 하지만, 성경은 전혀 오류가 없고, 읽을 때마다 늘 새로운 말씀으로 깨닫게 됩니다. 하나님의 창조를 말할 때에 성경을 제쳐 두고 다른 과학이나 역사적인 내용만을 가지고 창조를 알리려고 하고 설명하려고 하는 태도는 진리의 귀중함을 내버리는 어리석은 일입니다. 예수님께서도 니고데모에게 말씀하신 것이 있습니다.

> 내가 땅의 일을 말하여도 너희가 믿지 아니하거든 하물며 하늘의 일을 말하면 어떻게 믿겠느냐
> (요한복음 3:12)

마찬가지로 성경에 기록된 가장 읽기 쉬운 역사적인 사건들을 역사적으로 일어났다고 믿지 않으면서, 성경이 말하는 구원과 천국, 영적인 세계를 어떻게 바로 믿을 수 있을까요?

4
창조!
맞습니까?

창조론과 진화론은 모두 결코 돌이킬 수 없는 기원에 대한 학문적 노력이기에 어느 것도 과학적인 증명이 불가능합니다. 과학적인 면만 따져서는 안된다는 것입니다. 하나님을 믿는 신앙의 측면에서 보게 되면 진화론의 주장들은 결코 받아들일 수 없습니다. 진화론의 주장들이 무엇이고, 어떤 면에서 잘못되었는지를 바르게 아는 것만큼 창조과학이 말하고자 하는 바를 정확하게 알아야 합니다.

창조과학은 과학을 비롯한 모든 학문분야를 성경적으로 바르게 바라보고 해석하려고 합니다. 궁극적으로 창세기로 돌아가야 할 것을 강하게 외치고 있습니다.

창조론이란? 진화론이란?

창조론과 진화론은 무엇인가?

창조론, 진화론 모두 단어 끝에 이론을 말하는 '론'이라는 단어가 있습니다. 즉 창조론은 창조에 대해 말하는 이론, 진화론은 진화에 대해 말하는 이론입니다.

먼저 '창조'와 '진화'가 무엇인지를 이야기해 볼 필요가 있습니다. 여러 분야에 따라 바라보는 관점이 다르기 때문에 창조와 진화를 정의하는 것은 쉬운 일이 아닙니다. 창조와 진화에 대해서 간단하게 정리해 보자면 다음과 같습니다. 먼저 창조는 우리가 살고 있는 이 세상의 모든 것 즉, 우주 만물과 모든 생물들이 창조주 하나님이 만드신 것이라는 말입니다. 반면에 진화란 우리 눈에 보이는 모든 우주 만물과 생물들이 누구에 의해 만들어진 것이 아니라 자연적인 과정으로 생겨났다는 말입니다.

창조론과 진화론을 따지는 것이 왜 중요할까?

자연 만물이 자연적으로 우연히 진화했건 창조주 하나님에 의해서 창조되었건 현재를 살고 있는 우리들에게 뭐가 그리 중요한 문제냐고 말하는 사람들이 있기도 합니다. 그러나 창조-진화 문제는 간단히 지나쳐 버릴 만큼 사소한 문제가 아닙니다. 왜냐하면 기원에 관한 생각과 믿음은 자기 자신의 존재와 삶에 대한 본질적인 의미에 커다란 영향을 주기 때문입니다.

　모든 사람들은 이유를 막론하고 개인적으로 기원에 대한 두 가지 입장 중 하나를 택하게 됩니다. 하나는 창조주가 있다는 것이며 다른 하나는 창조주가 없다는 것입니다. 즉, 유신론 대 무신론, 다르게 말하면 계획 대 우연 중에 하나를 택하게 되어 있습니다. 신앙이나 종교적인 면에서 하나님을 믿느냐 안 믿느냐의 문제처럼 자연이나 과학에 대해서도 모든 만물을 지으신 창조주가 있다고 믿느냐, 아니면 우연이라고 믿느냐의 문제는 매우 본질적인 문제이며 누구에게나 중요한 선택의 문제입니다. 그리고 이 선택으로 시작해서 그 사람에게는 만물에 대한 관점과 이해가 달라지게 됩니다.

> 어리석은 자는 그의 마음에 이르기를 하나님이 없다 하는도다 그들
> 은 부패하고 그 행실이 가증하니 선을 행하는 자가 없도다
>
> (시편 14:1)

생명의 기원에 대해서 창조, 진화 2가지 외에도 외계유입설이라 불리는 주장도 있습니다. 이는 생명체가 지구 바깥의 외계에서 들어온 것이라고 말하는 것으로서 본질적으로 생명의 기원에 관한 창조-진화의 이야기를 지구 밖으로 옮긴 것일 뿐입니다. 즉, 지구 밖 어딘가에서부터 생명체가 유입되었다면 그곳에서는 생명체가 어떻게 시작되었느냐는 질문이 생기고, 그러면 다시 창조냐 진화냐의 문제가 되기 때문입니다. 따라서 생명체의 기원에 대해서 창조와 진화 이외의 다른 대안은 없습니다.

창조＝신앙? 진화＝과학?

진화는 과학이고 창조는 신앙이라고 말하기도 합니다. 그런 말들을 많이 하고 있지만 틀린 말입니다. 엄밀히 따지면 진화와 창조는 둘 다 과학이 아니라 믿음에 속한 겁니다. 우주와 생명의 시작에 대해 진화로 설명하려는 진화론과 창조로 설명하려는 창조론

모두는 일종의 세계관 또는 철학이나 종교적인 배경을 갖습니다. 두 가지 주장 모두 과학적 방법을 가지고 완벽하게 증명하거나 거짓이라 판정할 수 없습니다. 왜냐면 두 가지 주장 모두 경험이나 실험을 통해 관찰되지 않기 때문입니다. 그래서 둘 다 과학의 영역에 포함될 수 없다고 말할 수 있습니다. 하지만 둘 다 공통적으로 과학이나 역사의 자료들을 가지고 타당성을 설명하려는 방식을 취하고 있기 때문에 과학적인 성격을 띤다고도 말할 수 있습니다. 그래서 창조론은 유신론적 과학이라 말할 수 있고, 진화론은 무신론적 과학이라 말할 수 있습니다.

진화론이나 창조론이 과학적 실험으로 증명될 수는 없지만 우주와 생명의 기원에 대해 어느 이론이 과학적으로 더 타당한지를 따져 볼 수 있습니다. 이와 관련된 학문의 분야는 거의 모든 분야라고 할 만큼 매우 다양합니다. 생물학 또는 생명과학을 비롯해서 물리학, 화학, 수학, 지질학, 천문학 등의 자연과학 분야들이 매우 밀접하게 관련됩니다. 그리고 응용과학의 분야에서 의학, 공학, 컴퓨터과학, 환경과학 등의 분야도 관련됩니다. 조금 더 나아가서는 인간과 사회에서 일어나는 일들을 창조론과 진화론에 따라 바라보고 해석하여 설명하는 방법이 다른 것을 보면 교육학, 사회학, 경제학 등의 인문과학뿐만 아니라 철학이나 신학도 매우 중요하게 관련되어 있다고 할 수 있습니다.

기독교와 창조

기독교에서는 모두 창조를 믿고 있지 않습니까? 사실 그렇지 않습니다. 기독교인으로서 예수님을 믿고 성경을 읽는 사람들 가운데에서도 진화론을 어느 정도 받아들여야 한다고 말하는 사람들이 많이 있습니다. 이런 주장을 유신론적 진화론이라고 합니다. 예를 들면 하나님께서 천지만물을 창조하신 것은 맞지만 지금 우리가 보는 이런 모습의 만물이나 생명체가 아니라는 것입니다. 하나님이 창조하신 후에, 그 다음부터는 진화론에서 말하는 방식대로 우주 만물과 생명체가 계속해서 생겨났다는 이야기입니다. 간단하게 말하면 창조주 하나님도 믿고 진화론도 믿겠다는 것입니다. 물론 이런 주장은 잘못된 주장입니다. 성경 어디에서도 하나님께서 온갖 종류의 생명체들이 진화의 수단으로 생겨나도록 창조하셨다는 말씀은 없습니다. 반대로 처음부터 종류대로 만드셨다는 말씀만 나옵니다.

오늘날 수많은 과학자들이 진화론을 믿고 있습니다. 사실 과학의 역사를 돌이켜보면 시대적으로 널리 받아들여진 수많은 과학적 주장들이 "완전히 틀린 잘못된 주장이었다"고 밝혀진 사례들이 많습니다. 과학자들은 진화론이 틀렸다는 많은 증거들이 있음에도 불구하고, 오늘날의 시대를 지배하고 있는 진화론을 믿고 있는 것입니다. 성경의 말씀대로 창조주 하나님이 모든 만물을 창조하신 것이 진리라면 수많은 과학자들이 믿는 진화론은 분명히 틀린 것입니다.

태초에 하나님이 천지를 창조하시니라　　　　　　　(창세기 1:1)

진화론 — 무엇이 문제인가?

기독교인과 진화론

진화론이 무엇이고 왜 문제가 되는 것일까요? 성경을 믿고 하나님의 창조를 믿는 사람들일수록 진화론에 대해 너무 무관심하고 그 문제가 심각하다는 것을 느끼지 못하는 분들이 많은 것 같습니다.

진화론은 창조주 없이 모든 만물과 생명체가 우연히 저절로 생겨났다는 이론입니다. 기독교인에게는 창조주가 계시고 그분이 모든 만물을 창조하셨다는 믿음에 정면으로 반대되는 주장을 하는 셈입니다. 그런데 문제는 진화론이 과학이라는 옷을 입고 수

많은 과학자들의 입을 통해 과학적인 사실인 것처럼 주장되고 있다는 것입니다. 그래서 하나님을 믿지만 아직 믿음이 제대로 자리 잡지 못한 청소년들이나 초신자들에게 성경을 의심하게 만드는 영향을 미치고 있다는 것이 큰 문제라고 할 수 있습니다.

실제로 2009년 미국에서 출판한 『이미 떠나버렸다!(Already Gone!)』를 보면 10대에 교회를 다니다가 20대에 교회를 떠난 사람들 중 90% 정도가 고등학교를 졸업하기 전에 성경에 대한 신뢰를 잃었다는 통계가 있습니다. 성경에 기록된 하나님의 창조가 사실이 아니라고 생각하면 성경을 의심하게 되고 결국 교회를 떠나는 중요한 이유가 된다는 것입니다.

진화론이 주장하는 내용

먼저 생명체의 진화에 대해서만 이야기해 보겠습니다. 진화론에서는 3단계에 걸쳐서 생명체가 진화했다고 말합니다. 1단계부터 살펴볼까요? 생명체를 이루고 있는 성분에는 유기물이라고 부르는 물질이 있습니다. 아주 오래전에 우연히 생겨난 지구의 바닷속에서 생명체를 구성하는 데 필수적인 유기물이 저절로 생겼다고 말합니다. 2단계는 이런 유기물들이 저절로 합쳐져서 살아 있는 세포가 되었다는 것입니다. 지금도 세포 1개만으로 살아가는 단세포 생물이 있는데 이런 생물과 같은 단세포 생물이 저절로 생겨났다는 것입니다. 3단계는 단세포 생물이 시간이 흐르면서 점점 복잡해지면서 다른 생물로 변화했다는 것입니다. 그리고 바닷속에서 살던 생물들이 점점 변해서 육지에 사는 생물이 되고, 새가 되기도 하고, 사람이 되기도 한 것이라고 말합니다.

정리하자면 아주 오래전에 우연히 유기물이 생겨났고, 유기물이 모여서 살아 있는 단세포 생물이 되었고, 단세포 생물이 오랜 시간에 걸쳐 복잡하고 다양한 생물들로 변해 왔다는 것이 진화론이 주장하는 내용입니다. 진화론에서 중요하게 나타나는 단어는 '오랜 시간동안', '우연히', '저절로'입니다.

생물에는 동물과 식물, 그리고 미생물이 있습니다. 그런데 진화론에서는 저절로 생겨난 단세포 생물로부터 오랜 시간이 흐르면서 세상의 모든 생물들로 변화되었다고 말합니다. 그러니까 동물과 식물, 미생물들은 모두 같은 단세포 생물을 조상으로 가지고 있다는 셈입니다. 다시 말하면 밥을 먹을 때에 밥상 위에 놓여 있는 밥, 채소, 육류, 생선들과 혹시 음식에 묻어 있는 세균들까지도 모두 먹는 사람과 같은 조상 생물의 후손이라는 것이 진화론이 주장하는 내용입니다.

진화론에서는 사람 역시 진화된 결과라고 말합니다. 육지 동물 중에서 원숭이나 침팬지 같이 두 발로 걸어다니는 영장류 중에서 유인원에 속하는 동물 중의 하나가 사람이라는 것입니다. 그러니까 원숭이와 사람은 같은 조상에게서 따로 진화된 후손이라는 것

이 진화론의 설명입니다. 게다가 육체와 다른 정신, 언어까지도
진화된 것이라고 말합니다. 아무것도 없는 데에서 물질이 저절로
생기고, 물질에서 생명체가 저절로 생기고, 생명체가 점점 다양하
게 변하면서 사람이 생기고, 사람의 정신이나 언어도 저절로 생겨
난 것이라고 말합니다.

진화론이 과학인가?

보통 과학이라고 하기 위해서는 관찰과 실험과 같은 과학적인 방
법을 통해 연구해야 하는 것입니다. 그런데 우주와 생명의 시작에
대해서는 과거에 있었던 일과 관련되기 때문에 관찰할 수도 없고,
실험해 볼 수도 없습니다. 그럼에도 불구하고 진화론은 학교의 과
학시간에 과학적인 사실처럼 가르치고 있습니다. 진화론은 우주
와 생명의 기원에 대해 특별한 창조주 없이 우연히 저절로 생겨났
다는 가설로 시작하는 하나의 이론일 뿐입니다. 마찬가지로 창조
론 역시 과학적으로 관찰하거나 실험할 수 없습니다. 창조주 하나
님이 모든 것을 만드셔서 시작되었다는 믿음에 기인합니다.

기원에 관한 유일한 과학으로 진화론만 가르치는 이유?

우주와 생명의 기원에 대한 생각에는 창조주에 의해서 만들어진

것 아니면 창조주 없이 우연히 생겨난 것이라는 2가지 생각밖에 없습니다. 즉 창조 아니면 진화입니다. 그런데 현대 과학은 모든 것을 물질과 자연법칙으로만 설명하려는 자연주의적 과학을 다루고 있습니다. 그래서 창조주와 같은 특별한 존재를 언급하는 것은 과학에 종교를 개입하려는 시도라며 강하게 거부하고 있습니다. 이렇게 창조를 거부하고 나면 남는 것은 진화론밖에 없는 것입니다. 그래서 과학적으로 증명될 수도 없는 진화론만을 과학적 사실인 것처럼 가르치고 있는 것입니다.

진화론을 대하는 태도

먼저 진화론이 무엇인지 분명히 알아야 하겠습니다. 창조론과 진화론의 논쟁은 과학적으로 어느 쪽이 더 옳은지를 따지는 과학 논쟁만의 문제가 아니라는 것을 분명히 알아야 합니다. 창조론과 진화론은 모두 믿음과 신념을 기반으로 하는 지식과 사상의 체계입니다. 바로 창조주 하나님이 계시다는 믿음과 창조주란 존재는 없다는 신념이 서로 대치하고 있습니다.

그래서 진화론이 과학의 이름으로 가르쳐질 때에 이와 함께 무신론에 대한 신념이 전달된다는 것을 유의해야 합니다. 결국 진화론이 기독교 안에서 성경에 대한 믿음과 창조주에 대한 신앙을 심각하게 무너뜨리고 있다는 사실을 알아야 하겠습니다.

이 때문에 교회 교육에서 창조에 대한 올바른 성경적인 교육이 필요합니다. 특히 어린이와 청소년들이 진화론의 영향력에 깊이 물들기 전에 창조신앙을 가르쳐야 합니다.

네게서 날 자들이 오래 황폐된 곳들을 다시 세울 것이며 너는 역대의 파괴된 기초를 쌓으리니 너를 일컬어 무너진 데를 보수하는 자라 할 것이며 길을 수축하여 거할 곳이 되게 하는 자라 하리라

(이사야 58:12)

창조과학과 성경

창조과학은 무엇인가?

창조과학은 진화과학과 대비해 볼 수 있는 단어입니다. 앞에서 말
씀드린 바와 같이 창조와 진화는 모두 과학적으로 증명할 수 있
는 분야는 아닙니다. 하지만 진화론을 과학으로 가르치고 있는 시
대에 창조론 역시 같은 과학적인 탐구의 대상일 수 있다는 의미로
창조과학이라고 부르는 것입니다.

　창조과학은 우리가 살고 있는 자연 만물이 존재하는 원인은 창
조주에 의해 창조되었기 때문이라는 사실을 전제로 합니다. 그래
서 창조주 하나님에 의한 창조를 믿는 데 방해되는 잘못된 과학을

다시 회복하려는 목표를 갖고 있습니다.

성경을 근거로 하는 과학?

성경을 근거로 하는 과학은 문제가 있지 않느냐는 지적을 하는 분들이 있습니다. 오래전에 기록된 성경 창세기의 기록을 현대 과학 시대에 그대로 받아들일 수 있겠냐는 것입니다. 하지만 기독교인에게 있어서 성경은 단지 옛날 사람들의 기록이 아니라는 것은 당연합니다. 성경이 "하나님의 감동으로 기록된 하나님의 말씀(딤후 3:16)"이라는 말씀에 따라 성경의 모든 기록은 기독교의 가장 중요한 진리의 말씀입니다. 따라서 창세기의 창조 기록을 진리로 믿는 사람들에게 있어서 창조 과학은 당연한 것입니다.

그러면 아주 간단한 질문을 하나 드려 보겠습니다. "성경을 과학적으로 보아야 한다"와 "과학을 성경적으로 보아야 한다" 이 2개의 문장 중 어느 것이 맞는 문장일까요?

창조과학을 하는 사람들은 성경의 창조를 과학적으로 증명하려고 한다고 오해하는 분들이 많습니다. 전혀 그렇지 않습니다. 과학을 성경적으로 보아야 한다는 것이 창조과학의 입장입니다. 성경과 과학은 비교할 수조차 없이 전혀 차원이 다릅니다. 어떻게 인간이 찾아낸 과학으로 하나님의 말씀인 성경이 맞는지 틀린지 따져 볼 수 있겠습니까?

기독교인이라면 누구나 자신의 삶에 어떠한 결정을 내릴 때마다 성경적으로 따져 보게 될 것입니다. 마찬가지로 과학의 영역에 대해서도 성경적으로 따져 볼 수 있어야 한다는 것입니다. 반면에 성경을 과학적으로 보려는 것은 정말 잘못된 것입니다.

성경을 과학적으로 보게 되면 생기는 문제

간단한 예를 하나 들어 보겠습니다. 예수님께서 갈릴리 바다를 걸어가신 기적을 기억하시지요? 제자들을 먼저 배에 태워 보내신 후에, 한밤중에 바다를 걸어서 제자들이 있는 바다 한가운데에 가셨던 것입니다. 그런데 십 여 년 전에 미국의 어떤 과학자가 성경의 이 기록을 과학적으로 증명했다는 주장을 하였습니다. 예수님께서 실제로 바다 위를 걸으셨다는 것을 과학적으로 입증한 것이라고 보도되었습니다. 그 내용은 예수님이 계셨던 2천 년 전에 갈릴리 바다가 특이한 기상현상으로 살짝 얼었을 가능성이 있었고, 얼어붙은 바다 위를 걸어가셨다는 것입니다. 이런 주장을 맞다고 받아들이고 나면 더 큰 문제가 생깁니다. 예수님을 따라 잠깐 바다 위를 걸어간 베드로는 어떻게 된 것이고, 그러다가 바다에 빠진 것은 어떻게 된 것이냐는 질문이 이어질 것입니다.

성경에 기록된 사건들은 실제로 일어난 역사적인 사실입니다. 그리고 그중에는 현대 과학이 밝혀내지 못하는 기적이나 초과학적인 기록들이 있습니다. 자신이 이해하지 못하거나 설명할 수 없는 사건을 가지고 성경이 틀렸다고 말하는 것도 잘못이고, 자기 수준에서 억지로 과학적으로 풀어서 설명하려는 것도 잘못이라고 생각합니다.

과학을 성경적으로 본다는 것은?

성경에는 역사적 사실도 있지만 비유나 상징적인 표현도 물론 있습니다. 창조과학에서는 성경에 기록된 역사적인 사실들은 기록된 그대로 실제 사건으로 믿습니다. 그리고 하나님께서 창조하신 자연 만물에 들어 있는 과학적인 원리나 방법들로 성경의 기록이 정확하다는 것을 증거하는 것입니다. 중요한 것은 인간의 과학으로 다룰 수 없는 범위를 넘어서까지 성경을 증거하려는 것이 아닙니다. 성경의 기록이 사실이기 때문에 그에 따른 과학적인 증거들을 발견하려는 것입니다.

예를 들어 노아 시대의 대홍수 사건은 성경에 기록된 대격변이고 어마어마한 심판의 사건입니다. 창조과학이 성경의 노아 홍수가 실제 일어난 사건이라는 것을 증명하는 게 아니라, 반대로 성경의 대홍수 기록이 사실이기 때문에 엄청난 대격변의 증거와 흔적들이 남아 있을 것이 분명하므로 그런 증거들을 과학적으로 설명하여 성경에 대한 믿음을 굳건히 하려는 것입니다.

창조과학과 신앙의 관계

창조과학의 내용을 아는 것이 성경을 확실히 믿게 하는 데 어떤 역할을 하게 될까요?

1900년대 초반에 영국의 한 과학자가 광장에서 복음을 외쳤습니다. 플레밍이라는 아주 유명한 전기전자공학자였는데, 그는 영국의 젊은이들이 진화론으로 인해 교회를 기피하는 일이 일어나자 광장에 나가 복음을 외친 것입니다. 그는 젊은이들에게 하나님이 창조주이시고, 예수님이 바로 그 창조주이시고, 우리를 구원하기 위해 이 땅에 오셨고, 우리가 주님과 같이 부활할 것이라고 외쳤습니다. 영국 청년들에게 거짓된 진화론을 믿지 말고 교회로 돌아오라고 간절히 외쳤습니다. 이 유명한 창조과학자는 진화론의 논리를 깨지 않고서는 교회 안의 어린아이들과 청소년들을 붙들기도 어렵고, 새롭게 전도하기도 힘들다는 사실을 안 것입니다.

진화론에 대해 논리적으로 그 잘못을 지적하고 창조주 하나님의 설계를 밝히는 것은 모든 기독교 과학자들이 해야 하는 일입니다. 하나님을 믿는 과학자로서 창조진리에 정면으로 배치되는 진화론의 거짓과 잘못을 연구하여 성도들에게 알리고 성경대로의 창조진리가 옳다는 것을 변증함으로써 교회를 지켜야 하는 것입니다.

진화론으로부터 교회를 지켜라

> 근신하라 깨어라 너희 대적 마귀가 우는 사자 같이 두루 다니며 삼
> 킬 자를 찾나니
> (베드로전서 5:8)

오늘날 '우는 사자'처럼 교회와 성도들을 공격하는 매우 강력한 세
력은 바로 무신론에 기반하고 있는 진화론입니다. 그런데 이런 진
화론과의 싸움을 두려워하거나 부끄러워하며 피하는 사람들이
많습니다. 유럽 등 서구 교회는 이미 진화론과의 전쟁에서 패하여
수많은 예배당이 문을 닫고 있습니다. 그렇기 때문에 오늘날 교회
가 창조과학 운동을 하는 것은 이 세대에 우리에게 주신 하나님의
귀한 사명입니다. 하나님이 주신 지혜로 힘을 모아 교회와 성도들
특히 어린이들과 청소년들을 진화론의 영향력에서 건져 내고 지
켜 내야 합니다.

창조과학을 알아야 하는 이유

창조과학은 자연만물의 시작이 창조주에 의해 창조되었다는 사
실을 전제로 만물을 연구하여 창조주의 목적과 의도를 발견하고
창조주 없이 우연히 생겨났다는 진화론으로 뒤덮인 잘못된 과학
을 바르게 회복하려는 노력입니다. 따라서 창조과학은 기독교인

들에게는 성경에 기록된 창조 사실을 믿는 데 방해가 되는 것들을 치우는 도구라고 볼 수도 있습니다. 나아가서 모든 기독교인들이 창조주 하나님을 배격하는 진화론의 실체와 잘못들을 배우고 전하는 일에 동참해야 한다고 생각합니다. 반드시 과학자나 신학자들만 할 수 있는 것이 아닙니다. 기독교인 누구나 성경과 창조주에 대한 굳건한 믿음을 가지고 창조과학의 여러 이야기들을 이해하여 진화론의 벽을 깨고 효과적으로 복음을 전할 수 있습니다. 창조과학을 통한 복음전도방법은 매우 효과적이고 중요한 방법 중의 하나입니다.

우주와 그 가운데 있는 만물을 지으신 하나님께서는 천지의 주재시니 손으로 지은 전에 계시지 아니하시고 또 무엇이 부족한 것처럼 사람의 손으로 섬김을 받으시는 것이 아니니 이는 만민에게 생명과 호흡과 만물을 친히 주시는 이심이라 인류의 모든 족속을 한 혈통으로 만드사 온 땅에 살게 하시고 그들의 연대를 정하시며 거주의 경계를 한정하셨으니 이는 사람으로 혹 하나님을 더듬어 찾아 발견하게 하려 하심이로되 그는 우리 각 사람에게서 멀리 계시지 아니하도다

(사도행전 17:24~27)

창세기로 돌아가기

창세기로 돌아가자는 것은?

흔히 복잡한 일을 겪을 때나 어려움이 있으면 초심으로 돌아가자는 말을 하곤 합니다. 우리의 삶이 뭔가 문제가 있거나 어둠 속을 헤매는 것 같을 때에는 하나님의 말씀을 기준으로 돌이켜야 합니다. 이 말씀 중에 가장 먼저 나오는 것이 창세기입니다. 특별히 우리가 살면서 보고 경험하게 되는 모든 것들의 시작이 창세기에 나오는 만큼 창세기로 돌아가는 것은 매우 중요한 일이라고 할 수 있습니다.

"태초에 하나님이 천지를 창조하시니라"라고 쓰신 창세기 1장

1절의 말씀은 성경에 가장 먼저 나오는 위대하고도 장엄한 선포입니다. 이 말씀을 어떻게 이해하고 받아들일 것인지 솔직한 사람이라면 누구라도 반드시 선택해야만 합니다. 성경에서는 하나님이 모든 만물을 창조하셨다고 확실하게 가르치고 있지만 학교의 과학수업이나 수많은 학자들의 입을 통해서는 우주와 생물이 우연히 생겨나서 오랫동안 진화해 왔다고 가르치고 있습니다. 과연 무엇이 맞는 것일까요? 이럴 때일수록 창세기로 돌아가야 합니다.

어떻게 할 것인가?

어떻게 해야 창세기로 돌아가는 것인가요? 물론 창세기의 말씀을 잘 읽고 바르게 믿는 것이 제일 중요하다고 할 수 있습니다. 과학만을 생각해 본다면 우주와 생물의 시작은 실험적으로 입증할 수 있는 자연과학의 영역에 속해 있지 않기 때문에 창조론이나 진화론 모두 증명된 과학적 사실이나 법칙이 아니라는 것을 알아야 합니다. 둘 다 가설과 추정, 이론에 그칠 뿐이며, 단지 현재 관찰되는 다양한 사실들이 어떤 쪽을 더 지지하는지를 따져 볼 수 있을 뿐입니다.

하지만 창세기로 돌아가서 창조주 하나님께서 창조하셨다는 믿음을 가지고 과학을 바르게 공부하면 진화론의 주장이나 설명에 모순과 잘못들이 많이 있다는 사실을 알게 됩니다. 오히려 지혜와 권능으로 설계하여 창조한 것이라고 볼 수밖에 없는 증거들이 너무 많다는 것도 알게 됩니다. 그래서 과학을 공부하는 가장 중요한 목적이 창조하신 분이 왜 창조하셨는지를 생각해 보면서 창조의 목적에 맞게 살기 위한 것임을 깨달아야 합니다.

실제로 우리가 살고 있는 세계는 지혜와 권능으로 섭리하시는 창조주 하나님의 솜씨들로 가득합니다.

> 하늘이 하나님의 영광을 선포하고 궁창이 그의 손으로 하신 일을 나타내는도다
>
> (시편 19:1)

이 성경의 말씀 그대로 온 하늘이 하나님의 영광을 드러내고 있다면 우리는 지금도 수많은 창조와 섭리의 증거들을 쉽게 찾아볼 수 있어야만 하는 게 당연한 것입니다. 그래서 창조주 하나님께서 만물을 창조하시고 지금도 움직이고 계시다는 사실이 틀림없다는 증거들을 우리의 주변에서도 찾아보았습니다. 엄청난 질서가 지켜지고 있고, 사람만 옷을 입는 이유, 음식과 요리, 건물 등에 대한 이야기를 나누었습니다. 그리고 성경 속에서 많은 사건들과 기록들을 통해 정확무오한 성경임을 살펴보았습니다.

진화론과 성경을 동시에 믿을 수는 없나?

그렇습니다. 진화론에서는 출발부터 창조주가 없다고 단정하고 우주와 그 안에 있는 모든 것들이 저절로 우연히 생겨났다고 믿고 있는데, 이런 내용을 사실로 받아들인 채 성경이 가르치는 하나님의 창조와 예수님의 부활을 믿는 것은 결코 가능한 일이 아닙니다.

하지만 어떤 사람들은 창조주 하나님이 세상을 창조하실 때 오랜 진화의 과정을 거쳐 만물이 생겨나게끔 만드신 것이며, 진화의 법칙이 곧 창조의 법칙이라고 말하기도 합니다. 이런 주장은 성경이 알려 주는 죄로 인한 타락과 예수 그리스도의 대속에 대한 가르침에 정면으로 위배됩니다.

> 사망이 한 사람으로 말미암았으니 죽은 자의 부활도 한 사람으로 말미암는도다 아담 안에서 모든 사람이 죽은 것 같이 그리스도 안에서 모든 사람이 삶을 얻으리라 (고린도전서 15:21~22)

인류 시조 아담이 죄를 범하여 타락하기 이전에 만물들이 오랫동안 진화의 과정을 거쳐 살고 죽고를 반복해 왔다는 주장은 성경과 전혀 다른 주장이 됩니다. 그럼에도 불구하고 진화론도 믿고 성경도 믿는다는 분들을 보면서 오히려 믿게 하시는 하나님께 감사하다는 생각이 들기도 합니다.

창세기로 돌아가는 것이 중요한 이유

진화론을 사실이라고 받아들이면서도 성경을 믿고 신앙생활 하시는 분들이라면 사실 별 문제없다고 할 수 있습니다. 하지만 중요한 사실을 많은 교회와 그리스도인들이 놓치고 있습니다. 바로 진화론을 바탕으로 하는 수많은 이야기들이 우리들뿐 아니라 자녀들과 청소년들의 신앙을 뿌리째 흔들어 놓는다는 점입니다. 성경을 믿지 못하게 만들고 결국 하나님을 창조주로 믿지 못하게 만들고 예수 그리스도를 통한 구원이 필요 없는 사람으로 만들어 버리는 것입니다.

현재 많은 교회와 그리스도인들이 예수 그리스도의 복음을 전파하는 데 열심을 기울이고 있습니다만 정작 그 복음의 기초가 되는 창세기의 창조진리를 정면으로 반대하고 있는 진화론에 대해서 무관심하거나 무방비 상태인 경우가 많습니다. 그렇기 때문에 과학을 대단한 것으로 여기고 진화론을 사실이라고 믿고 있는 지금이야말로 창세기로 돌아가기를 힘써야 할 때입니다. 창세기가 가장 기초가 되기 때문입니다.

터가 무너지면 의인이 무엇을 하랴   (시편 11:3)

하나님께서는 하나님의 형상대로 지으신 우리 인간이 살아가는 동안 계속해서 그분을 알아 가고 찾아 가기를 원하십니다. 인간이 하고 있는 과학이라는 것도 창조주께서 허락하신 은혜의 한 방법입니다. 그렇기 때문에 창조주 하나님 안에서 올바른 과학을 하게 되면 반드시 하나님의 능력과 신성을 발견할 수 있을 것입니다.

창세로부터 그의 보이지 아니하는 것들 곧 그의 영원하신 능력과 신성이 그가 만드신 만물에 분명히 보여 알려졌나니 그러므로 그들이 핑계하지 못할지니라 (로마서 1:20)

21세기에 들어서 과학주의가 점점 강해지고 있는 것 같습니다. 과학의 힘으로 모든 자연의 신비가 풀릴 것이라고 기대하는 사람들이 많고, 이러한 흐름을 주도하는 학자들은 진화론의 패러다임만 강조하고 있습니다. 하지만 아무리 많은 사람들이 무신론적 진화론을 따른다고 해도 창조주의 능력과 영광은 가리어지지 않고 오히려 점점 더 크게 빛나게 됩니다. 왜냐면 창조의 진리가 틀림없는 사실이기 때문입니다. 성경에 기록된 하나님의 창조 진리를 그대로 믿고 이 진리에 근거하여 자연만물 속에 깃든 창조주의 능력을 찾아내어 증거하는 창조과학 운동은 그리스도인 누구라도 꼭 참여해야 한다고 믿습니다.

우리가 생활하고 있는 주변의 모습들 가운데에서 창조 섭리를 쉽게 찾을 수 있다는 이야기를 나누어 더 많은 사람들이 창조 이야기를 나누게 되기를 소망합니다. 크고 작은 질서가 부여되고 지켜지는 모습을 통해 창조주의 능력을 생각하기를 원합니다. 사람은 결코 동물과 비슷한 수준이 아니라 하나님의 형상으로 특별하게 창조된 존재라는 사실을 옷 입는 모습, 음식과 요리, 건축물들을 통해 생각해 보면 좋겠습니다. 창조주께서 특별히 허락하신 햇빛, 공기, 물, 과일, 단풍 등의 선물들을 감사하면서 하나도 우연은 없다는 생각에 이르기를 바랍니다.

종류대로 창조된 동물과 식물들이 창조주가 부여한 뛰어난 기능과 설계의 모습을 보여 주는 것이 하나님을 향하는 찬양의 소재가 되면 좋겠습니다. 과학자들이 그렇게도 모방하기를 원하는 생물의 신비한 구조와 기능, 모양을 보면서 창조주를 떠올리게 되기를 바랍니다. 성경이 하나님의 감동으로 기록되어 점 하나도 변하지 않는 진리의 말씀이라는 믿음으로 성경 속의 과학과 역사 이야기를 기록된 그대로 믿는 것이 너무나도 당연하게 여기는 세상이 되었으면 좋겠습니다.

그래서 이 땅의 과학과 조국교회의 신앙이 창세기로 돌아가서 창조주 하나님을 경외하는 것으로부터 새롭게 시작되는 지식과 지혜를 구하는 모습을 소망합니다. 이 일이 이루어지는 데 이 책과 앞으로 나오게 되는 이 책의 후속편들이 조금이라도 도움이 되기를 바랍니다.